CONVICCIONES BÍBLICAS
en un mundo confundido

Del Pastor **J. Antonio Massi**

Para:_____

CONVICCIONES BÍBLICAS
en un mundo confundido

¡Lo que creemos y lo que vivimos!

J. Antonio Massi

Número de Control de la Biblioteca del Congreso de EE. UU.:		2021910163
ISBN:	Tapa Blanda	978-1-5065-3721-4
	Libro Electrónico	978-1-5065-3722-1

Información de la imprenta disponible en la última página.

Fecha de revisión: 24/05/2021

Para realizar pedidos de este libro, contacte con:
Palibrio
1663 Liberty Drive, Suite 200
Bloomington, IN 47403
Gratis desde EE. UU. al 877.407.5847
Gratis desde México al 01.800.288.2243
Gratis desde España al 900.866.949
Desde otro país al +1.812.671.9757
Fax: 01.812.355.1576
ventas@palibrio.com
830656

ÍNDICE

Dedicatoria

Este libro se lo dedico primeramente con gran gratitud a los compañeros llamados por Dios para una labor muchas veces solitaria y otras veces incomprendida, a esos hombres y mujeres que con gran esfuerzo se entregan a esa difícil labor de pastorear y con quienes nos unimos para que a través de la asignación de Dios podamos perfeccionar a los creyentes en sus respectivas congregaciones.

A Yajaira, quien ha sido mi compañera en una jornada de ya casi 36 años y quien comparte mis triunfos y celebraciones pero tambien los momentos que no son agradables. A ti Yajaira por todo el aporte que le has dado a mi vida. Sabes cuanto te amo!

Y a mis dos hijos Joan David y Raquel Carolina, a sus respectivos cónyuges con quienes hoy formamos una familia primaria de 7 integrantes incluyendo a nuestro reciente nieto quien nos ha producido muchas alegrías.

A ustedes lectores quienes nos han apoyado con los 6 libros exteriores. Gracias!

Prólogo

Ser radical con nuestras creencias cristianas en un mundo de influencias humanistas y que va a la deriva hoy, es un reto para todo creyente de la Biblia. Nuestras bases escriturales están siendo socavadas por un sistema establecido en el mundo espiritual anti Dios que debilita los fundamentos bíblicos; es por esto que el Pastor Antonio Massi se ha sentido motivado a escribir este libro para dejarnos fundamentos como rocas, basados estrictamente en la Palabra de Dios, con el propósito de persuadirnos a discernir la temporada que estamos viviendo y los cambios imperceptibles que están sucediendo para poder ayudarnos a fortalecer nuestras convicciones y así poder hacer defensa de nuestra fe.

Con el conocimiento y dirección del Pastor Antonio Massi recorreremos las historias de algunos hombres y mujeres que le creyeron a Dios y que a pesar de las corrientes adversas que enfrentaron, se levantaron para defender hasta el último momento de sus vidas sus creencias espirituales.

"CONVICCIONES en un mundo confundido" de la mano del escritor nos recordará la firmeza de Josué, la decisión inquebrantable de Rut la Moabita, la obediencia del profeta

Samuel, la determinación a pesar del horno de fuego de Sadrac, Mesac y Abed Nego, la fortaleza de Pedro y Juan en medio de la persecución, la abnegada entrega sin reserva del Apóstol Pablo hasta la muerte, así como lo mucho que podremos aprender del maestro de maestros, nuestro modelo por excelencia, a quien ni la cruz le detuvo para morir por la humanidad, nuestro Señor Jesucristo.

Sumérgete en este apasionante libro que con sus historias bíblicas te ayudará a arraigarte en las verdades eternas de la Palabra de Dios, de quien Jesús dijo: "El cielo y la tierra pasarán, pero mis palabras no pasarán.".

Yajaira J. Massi

Introducción

La predicación del Evangelio Bíblico y el estilo de vida Cristiana está bajo ataque y va a continuar siendo atacado en medio de los cambios que estamos viviendo. Hoy cuando comienzo a escribir este nuevo libro, (que será mi quinto libro con la ayuda y bendición del Señor Jesucristo) nos encontramos exactamente a un año después de haber recibido la orden de mantener confinamiento en nuestras casas y además mantener distanciamiento social al salir de ellas, todo esto debido al contagio del coronavirus. Ahora a un año después de estar escuchando diariamente sobre las cifras de contagio, números de muertes a causa de las complicaciones de este maligno virus y haber visto cifras atemorizantes de proyección de más contagios y muertes, estamos recibiendo noticias que abren un nuevo panorama y tiempos esperanzadores para muchos, debido a que ahora también escuchamos cifras de personas ya vacunadas en contra del virus desde que se crearon vacunas de diferentes farmacéuticas. En medio de estas noticias mundiales de vacunación que abarrotan titulares de medios noticiosos han estado sucediendo casi sin notarse cambios de comportamientos, violencia que se acepta como justa para muchos, rebeldía y aprobación de leyes en muchas naciones del mundo que van en contra de nuestras creencias bíblicas como cristianos. Eso nos obliga a que nos dediquemos a revisar nuestras convicciones y a que recordemos que los púlpitos deben ser lugares para la transformación de vidas, que llenen de fortaleza y que ayuden a través de la exhortación a vivir en obediencia a los principios establecidos en la Biblia, que es la palabra de Dios.

En mis últimos análisis que he podido hacer y en conversaciones diarias que sostengo con Yajaira, mi esposa, me he sentido fuertemente motivado a poder compartir un desafío, y es llevarle a usted como lector a revisar nuestras CONVICCIONES y también que a través de ellas podamos influenciar a las personas que nos rodean, sean los compañeros de trabajo, o nuestros familiares que no han recibido a Cristo como Señor y Salvador de sus vidas, o tal vez a nuestros vecinos o a las personas con quienes nos relacionamos de una manera u otra.

Debido a los cambios tan drásticos que observamos en nuestra sociedad de pensamientos humanistas, donde se plantea que asistir a la Iglesia no tiene ningún sentido, que es irrelevante para la vida; pensamientos de grupos que dicen, que hablar de un Dios que es el Creador y dueño de nuestras vidas es solo para gente ingenua y poco pensante; a todo esto también se le añade la creciente situación actual sobre temas como la sexualidad y el género, promocionados aún por cristianos reconocidos en diferentes facetas como escritores, maestros bíblicos, cantantes cristianos y líderes evangélicos que directa o indirectamente niegan la enseñanza bíblica sobre la sexualidad humana, que está claramente definida en las Sagradas Escrituras.

Como Pastor y ministro Cristiano también escucho como se ha diluido el mensaje del evangelio, sutilmente y tal vez sin ni siquiera nosotros notarlo. Debido a que una gran mayoría desean que la predicación del Evangelio y el estilo de vida cristiano sea más llamativo e interesante para los no creyentes y con el deseo de llenar nuestros templos y queriendo alcanzar más personas para Cristo, ha llevado a muchos ministros cristianos a suavizar las enseñanzas de la Biblia y enfocarse a que la predicación no suene ofensiva, que la predicación de la palabra de Dios sea agradable a los oídos de las personas; eso ha traído que hemos casi eliminado de nuestra predicación palabras como pecado, salvación, santidad, infierno o vida eterna; la preocupación de muchos púlpitos es la opinión de las personas que asisten al templo y no lo que dice Dios, quien es dueño y Señor del templo; no ofender se ha convertido casi en un valor y debido a eso entonces es más atractivo hablar del amor de Dios que de Su juicio venidero.

Estoy totalmente convencido que las congregaciones cristianas a través de sus púlpitos necesitan establecer y llevar a los creyentes a fortalecer sus convicciones para que le demuestren a un mundo confundido, que va a la deriva, que vivir para Dios y por los principios de su palabra producen buenos resultados en nuestra sociedad y además nos garantizan una eternidad con Dios.

Los ataques contra el cristianismo y sus convicciones seguirán por diferentes vías, y en mi opinión pienso que llevará a que muchos líderes, ministros y Pastores que por querer evitar que se les llame fanáticos, mente cerrada o anticuados, ofrecer una falsa seguridad a muchos que son vulnerables a abrazar un falso evangelio.

Estoy altamente motivado a servir de ayuda a cada lector a prepararse para resistir esos constantes ataques, la iglesia de Jesucristo está totalmente obligada a formar hombres y mujeres con convicciones que sirvan de protección al rebaño de Dios y librar a los fieles siervos de Jesús de los dardos de fuego del maligno.

¿Como podemos fortalecer nuestras convicciones cristianas? Quiero dar respuesta a esa pregunta con las palabras que el apóstol Pablo le escribe a Timoteo que se encontraba pastoreando en la ciudad de Éfeso. Timoteo está allí pastoreando la iglesia, y Pablo preocupado le escribe por la influencia que tienen los falsos maestros.

> Veamos lo que está escrito en esa carta de San Pablo a su hijo en la Fe, Timoteo. Lo encontramos en 2da de Timoteo capítulo 3 y en los versículos 1-7: "También debes saber esto: que en los postreros días vendrán tiempos peligrosos. Porque habrá hombres amadores de sí mismos, avaros, vanagloriosos, soberbios, blasfemos, desobedientes a los padres, ingratos, impíos, sin afecto natural, implacables, calumniadores, intemperantes, crueles, aborrecedores de lo bueno, traidores, impetuosos, infatuados, amadores de los deleites más que de Dios, que tendrán apariencia de piedad, pero negarán la eficacia de ella; a estos evita."
>
> 2 Timoteo 3:1-5 RVR1960

Prestemos atención a esto que describe, nos dice que están altamente interesados en el amor a sí mismos y al amor al dinero; son arrogantes, sin ninguna clase de amor, no cultivan el dominio propio y no aman lo que es bueno. Los describe como personas que aman los placeres por encima del amor a Dios.

> Así que Pablo escribe para animar a Timoteo, lo anima a que resista fielmente aún en en medio de circunstancias difíciles. Pablo sabe que los falsos maestros resisten a la verdad, entonces como un mentor con su objetivo claro le dice a Timoteo que debe mantenerse firme en sus convicciones. ¿Cómo mantener sus convicciones? Manteniéndose en lo que había aprendido y creído firmemente, lo leemos en 2 Ti. 3:14 "Pero persiste tú en lo que has aprendido y te persuadiste, sabiendo de quién has aprendido; y que desde la niñez has sabido las Sagradas Escrituras, las cuales te pueden hacer sabio para la salvación por la fe que es en Cristo Jesús."
>
> 2 Timoteo 3:14-15 RVR1960

Ahora, esto es muy importante, ya que también Pablo en otros versículos le dice a Timoteo que debe sufrir y cumplir su ministerio por medio de ser firme en sus convicciones. Ese es el propósito de este libro que hoy tiene en sus manos, creo que Dios ha permitido que usted lo esté leyendo para que sea parte de un ejército espiritual que será la alternativa a un mundo en crisis. Creo que solo las personas que mantienen sus convicciones, podrán ser testigos del poder de Dios sobre sus vidas. Esas convicciones harán la diferencia, y sabe por qué? Porque vienen del conocimiento de las Sagradas Escritura, La Biblia, que es la palabra de Dios. El Apostol Pablo escribe que toda la escritura es inspirada por Dios y útil para enseñar, para redargüir, para corregir, para instruír en justicia, a fin de que el hombre de Dios sea perfecto, enteramente preparado para toda buena obra" (2 Ti. 3:16-17 RV60). En los capítulos siguientes quiero que me acompañe a un recorrido por las escrituras bíblicas en el Antiguo y Nuevo Testamento para sacar lecciones espirituales de hombres y mujeres que mostraron sus convicciones en diferentes circunstancias. Las convicciones son las que nos sostienen en momentos de decisiones. Y ahora antes de comenzar a ver los personajes Bíblicos que por sus convicciones nos han dejado lecciones que hoy nos sirven de estimulo para seguir sus ejemplos, quiero terminar definiendo lo que es CONVICCIÓN, y no quise hacerlo desde el principio pues quiero que tenga el concepto de esa palabra CONVICCIÓN fresca para iniciar los capítulos que le siguen a esta introducción. Subrayela aquí en su libro para regresar cada vez que lo quiera repetir.

CONVICCIÓN: Es la seguridad que tiene una persona de lo que cree. CONVICCIÓN es estar convencido de una verdad, es una creencia firme que va a determinar las acciones que vayamos a tener aún cuando se esté rodeado de personas que están en contra a lo que usted cree.

Ahora que ese concepto ha sido expuesto y lo ha recibido en su ser interior, entonces le invito a que me acompáñe en este recorrido bíblico para aprender de gente de CONVICCIONES.

Capítulo Uno

Josue, un líder de carácter

Si usted alguna vez ha tomado la responsabilidad de sustituir a alguien que ha sido eficiente en el liderazgo, ya sabe la entereza y la gran demanda a la que usted tendrá que responder. La Biblia nos dice que después del liderazgo de Moises, quien fue el líder llamado por Dios para ir ante faraón y decirle que dejara ir al pueblo de Israel, liberándolo de la exclavitud de Egipto y conducirlo por el desierto a una tierra que Jehová Dios les había prometido, una tierra de abundancia, una tierra donde fluye leche y miel.

Al terminar Moises su jornada de vida Dios llama a Josué y le asigna la gran responsabilidad de concluir el trabajo iniciado por Moises. En muchas ocasiones podemos leer en la Biblia las dificultades a las que tuvo que enfrentarse Moises debido a lo difícil que se hace dirigir a las personas y mucho más al tratarse de un pueblo tan numeroso. En momentos así, donde la presión del grupo te exige que debes hacer algo que ellos consideran que es lo correcto o lo que a ellos les gusta, es donde se necesita la capacidad de ser un hombre de carácter firme.

Y considero necesario poder compartirles mi experiencia y lo que he aprendido de las experiencias de otras personas, y es que por mucho que nos esforcemos jamas podremos como lideres complacer a todos los gustos, deseos o necesidades de las personas a quienes tenemos que liderar. De no tener eso claro puede llevar a cualquier persona a sentir que debe renunciar ya que piensa que aún con todo el trabajo fuerte que realiza y todo el tiempo que invierte, parece que no esta sirviendo de nada, y parece que renunciar es la única alternativa. Y quiero decirle esto: "no se renuncia a no ser que tenga la total seguridad que Dios quien le ha puesto en esa posición le guía a hacerlo". Entiendo que se sienta solo, incomprendido y ha veces hasta juzgado de manera cruel, pero quiero decirle que dentro de su asignación al liderazgo no solo requiere de los dones, también se requiere carácter. Y eso era lo que tenia Josué, el carácter de un hombre de Dios, con sus convicciones claras y firmes en todo lo que tenía que ver con el milagro de salir de la exclavitud de Egipto. Estaba convencido que esa liberación había sido por la mano benéfica y poderosa de Jehová. Ahora bien, Josué con sus convicciones claras se enfrenta a una realidad y es que el pueblo a quien él ahora dirige esta viendo que en la tierras de los Amorreos hay una adoración diferente a la que ellos practican, además muchos de los hijos de los que ahora son parte del pueblo, saben que al otro lado del Río vieron la adoración a otros dioses, de manera que ahora existe un riesgo de que puedan ser movidos por las costumbres de la gente que le rodean.

Y quiero que veamos una realidad actual que es similar a la que ahora nosotros enfrentamos, un siglo 21 con adoración al sexo, drogas, adoración al cuerpo, al dinero, al placer, con lemas que nos dicen que por que no disfrutar lo que el cuerpo pide, no se lo niegues, pues algo que se siente tan bueno no puede ser tan malo. Nuestra sociedad constantemente nos está bombardeando para obligarnos a vivir en contra de los principios de la palabra de Dios, lo hace a través de programas de televisión, de publicidades explícitamente con motivación a despertar fantasias sexuales, de películas con contenido profano y a través de opiniones de gente pública que tienen muchos seguidores en las redes sociales, y debido a eso son muchos a nuestro alrededor que están corriendo más y más millas por una ruta equivocada, y lo que es peor, ahora a mayor velocidad.

¿Y entonces? Entonces debemos hacer un llamado a revisar cuales son las creencias que nos sostendrán en medio de este escenario, tengo plena seguridad que las convicciones bíblicas se convertirán en barreras de protección en medio de todos estos dardos que vienen y van. Creo firmemente que cada uno de nosotros los que hemos sido llamados al ministerio cristiano de la enseñanza de los principios bíblicos, pastores, maestros, predicadores debemos tener claro que debemos evitar temas que solo entretienen y distraen a la audiencia y les hace sentir bien durante las reuniones de adoración y predicación pero no les prepara para resistir las mentalidades y las presiones de esta sociedad tan cambiante. Nuestros púlpitos deben ser lugares para confrontar a los oyentes a ver a Dios con respeto y a reconocer la autoridad de su palabra sobre nuestras vidas.

Regresemos al protagonista de este primer capítulo, JOSUÉ quien es un excelente ejemplo bíblico de lo que es vivir por convicciones. Ya que la Biblia contiene una riqueza de enseñanza sobre este tema y sabiendo que a todos nosotros se nos hace más sencillo entender una verdad cuando se encuentra encarnada en la vida de una persona, quiero entonces que nos apoyemos mirando a este siervo de Dios y líder, extrayendo de su modelo de vida principios que nos van a servir de gran ayuda para nuestras convicciones. El capítulo 24 del libro que lleva su nombre contiene el discurso de despedida de Josué y comienza diciendo que reunió a todas las tribus de Israel y llamó a los ancianos de Israel, a sus príncipes, sus jueces y sus oficiales; y se presentaron delante de Dios. (Josue 24:1).

Después de llamarlos y reunirlos no desaprovecha la oportunidad que tiene de poder hablarles con la intención de llevarlos a que tomen una decisión. Allí en la hora de la decisión es donde lo que creemos va a determinar nuestras acciones, entonces como arquero mirando y apuntando al blanco de la diana, les dice lo que quedó registrado en los versículos 13 al 15 del capítulo 24. Leámoslo:

"Y os di la tierra por la cual nada trabajasteis, y las ciudades que no edificasteis, en las cuales moráis; y de las viñas y olivares que no plantasteis, coméis. Ahora, pues, temed a Jehová, y servidle con integridad y en verdad; y quitad de entre vosotros los dioses a los cuales sirvieron vuestros padres al otro lado del río, y en Egipto; y servid a Jehová. Y si mal os parece servir a Jehová, escogeos hoy a quién sirváis; si a los dioses a quienes sirvieron vuestros padres, cuando estuvieron al otro lado del río, o a los dioses de los amorreos en cuya tierra habitáis; pero yo y mi casa serviremos a Jehová."

Josué 24:13-15 RVR1960

La firmeza con la cual Josué le habla al pueblo nos permite aprender principios de vida cristiana y también lo importante de la influencia en el liderazgo. Cuando se trata de temas que nos obligan a demostrar nuestras convicciones, como hablar del pecado, definir la santidad, responder sobre la realidad del infierno, en temas más radicales como Jesucristo es Dios y es el único medio de salvación, hay quienes desvían las conversaciones o a veces prefieren no definir sus posiciones por el temor de ser rechazados por los que no creen lo mismo que ellos. Eso es falta de carácter como líder cristiano, y por eso en este primer capítulo quise escoger a Josué como un modelo de lo que es convicción para ilustrarles como y cuando se deben hacer valer. Le invito a que estudie bien este versículo 14, es directo, sin zonas grises, al grano, "... ahora, pues, teman a Jehová y sírvanle con integridad y en verdad..." eso es ser integro, sin falsedades, Josué les dice este es mi mensaje: "ustedes deben servir a Jehová"; ahora no perdamos la esencia del versículo quince que para mi tema es la columna vertebral de este discurso de despedida, Josué les deja claro lo que hay en el ambiente, y es que si la influencia de la adoración a los dioses que sirvieron sus padres al otro lado del río les puede hacer desviarse, entonces, escúchenme bien, pues tengo que decirles esto: "si les parece mal servir a Jehová entonces escojan a quien servir" y aquí me apasiona leer que él deja saber su posición, no se la guarda para sí, no juega a ese juego tan popular de que cuando llega la hora de decir nuestra posición, entonces caemos en decir que "ni lo uno ni lo otro, sino todo lo contrario".

Que interesante, sus palabras, no le parece? Leamos ese versículo 15 de nuevo:

"Y si mal os parece servir a Jehová, escogeos hoy a quién sirváis; si a los dioses a quienes sirvieron

vuestros padres, cuando estuvieron al otro lado
del río, o a los dioses de los amorreos en cuya
tierra habitáis; pero yo y mi casa serviremos a
Jehová."

Josué 24:15 RVR1960

Detengámonos de nuevo en estas palabras, "y si mal os
parece..." "escogeos hoy..."

Son palabras que demuestran definición, no hay dudas,
no hay temor a que pueda sonar a fanatismo, sus palabras son
sin rodeos; ustedes tienen la libertad de escoger pero luego
muestra claramente lo que es vivir con CONVICCIONES
"pero yo y mi casa serviremos a Jehová" Eso es un golpe
directo! ESO ES DEMOSTRAR CONVICCIONES.

Ahora he pensado mucho en todo esto y he observado
que el enemigo de nuestras almas está trabajando
fuertemente para producir cambios que serán un desafío a
nuestras convicciones cristianas, así que no son solamente
los cambios que se han dado hasta hoy, sino que tengo la
seguridad que se van a seguir produciendo muchos cambios
más mientras escribo este libro y vaya a la editorial para
publicarse. También he pensado que como Iglesia de
Jesucristo es muy poco o tal vez nada lo que podamos
hacer para contrarrestar las fuerzas de ideologías, agendas
y grupos enemigos que se levantan en contra de todo lo
que se llama DIOS y su Santa Palabra, unos haciendo burla,
otros impulsando y promocionando ideas y otros legislando
para convertir nuestra predicación bíblica en ilegal; y repito,
pienso que será muy poco lo que podamos hacer como
Iglesia, sin embargo si tengo una fuerte seguridad y es
que a pesar de todos esos movimientos y grupos que se
seguirán levantando en nuestra sociedad humanista y sin
Dios, nosotros los creyentes en Jesucristo como Señor y

Salvador de nuestras vidas podemos mostrar como Josué que nuestras CONVICCIONES son firmes. Podremos decir: ustedes escojan como quieren vivir sus vidas pero en nuestro matrimonio, en nuestra familia, en nuestro hogar vamos a vivir por la convicciones cristianas. Será afuera pero en mi casa le vamos a servir a Jehová, ese es nuestro reto; pidámosle a Dios su discernimiento y fortaleza para pelear por nuestros cónyuges, hijos y demás familiares y demostrar nuestras convicciones en medio de una sociedad en confusión.

El resultado final de esta historia del libro de Josué nos muestra que un hombre de convicciones firmes en medio de las presiones externas será testigo del respaldo de Dios. De manera que quiero terminar este primer capítulo mostrándole los resultados de esta posición, lo leemos en versículo 31 de este capítulo 24 y después de leerlo entonces saque usted sus conclusiones:

> Y sirvió Israel a Jehová todo el tiempo de Josué, y todo el tiempo de los ancianos que sobrevivieron a Josué y que sabían todas las obras que Jehová había hecho por Israel."
> Josué 24:31 RVR1960

Capítulo Dos

Rut: En la hora de las decisiones

La manera de vivir de nuestra época hace más complicado la responsabilidad que tenemos de influenciar a los que habitan con nosotros. Aún trabajando desde nuestras casas que se ha convertido en algo usual en la nueva normalidad que enfrentamos, tenemos que reconocer que las exigencias de metas, horarios de trabajo, las plataformas virtuales y el interés a las redes sociales nos han distanciado de los que amamos y se mueven a nuestro alrededor. Se hace extraño hoy imaginar que podamos sentarnos juntos en nuestras casas y hablarnos entre cónyuges de lo que sentimos, hablar como padres y madres con nuestros hijos de que situaciones están enfrentando y saber de las cosas que nos interesan de manera individual. Evidentemente el cuadro es claro de comprender, al no tener esas vivencias que es parte obligada del diseño de familia entonces los integrantes viven vidas individualistas, sin conexión a los otros miembros de la familia, lo que produce individuos que no llevan en sus memorias relaciones de su casa de solteros que lo puedan influenciar en la hora de las decisiones importantes que tendrán que hacer y que determinarán resultados unos a corto plazo y otros de por vida.

Estoy a solo unos meses de cumplir los 60 años, y por ser un ministro cristiano, ser esposo, padre, suegro y hace solo 8 meses me convertí en abuelo, creo que he vivido lo suficiente como para saber por mi propia experiencia y por la de muchos otros (a quienes por la naturaleza de mi trabajo he tenido que atender y juntos buscar verdades bíblicas para lograr cambios que produzcan mejores resultados) que nuestro ejemplo no es la mejor forma de poder influenciar la vida de otros, nuestro ejemplo es la única forma de influenciar y poder ser un motivador para que otros puedan oír lo que decimos y que luego quieran imitarnos. En la Biblia, encontramos un influyente hombre de Dios en el Nuevo Testamento, bien consciente de su poderosa influencia y que pudo escribir estas importantísimas palabras:

"Hermanos, sed imitadores de mí, y mirad a los que así se conducen según el ejemplo que tenéis en nosotros."

Filipenses 3:17 RVR1960

"Sed imitadores de mí, así como yo de Cristo."

1 Corintios 11:1 RVR1960

Esto que hemos leído son las palabras del Apostol San Pablo, al leerlas, ¿no le parecen significativas? Y la razón es porque conseguir personas que puedan decir que imitarlo a ellos es como imitar a Cristo, es poco corriente.

Bueno, creo que lo anteriormente escrito es suficiente como para dejar saber que estoy interesado en que dejemos una buena influencia en la vida de los que nos rodean. Y por favor, estas palabras quiero que calen hondo en los corazones de aquellos padres que aún tienen a sus hijos bajo su autoridad y viviendo con ellos, no olvide que sus hijos aprenden del ejemplo que le dan sus padres, (PIÉNSELO), por lo tanto enfoquémonos a que sean buenos ejemplos pues ellos como niños no saben diferenciar de lo que es un buen ejemplo a uno que no lo es.

Vayamos a una historia bíblica del Antiguo Testamento, después de los veintiún capítulo del libro de los Jueces nos encontramos el libro de Rut, que precisamente comienza hablando de un acontecimiento en los días que gobernaban los jueces, diciéndonos que hubo hambre en la tierra. Y como estoy consciente de que el trasfondo es muy importante para lo que quiero afirmar en sus corazones le invito a que lo pueda leer conmigo, por favor le pido que se tome el tiempo de leer cada línea de este relato bíblico, aquí se los comparto, son los primeros cinco versículos del capítulo uno de este libro de Rut:

> "Aconteció en los días que gobernaban los jueces, que hubo hambre en la tierra. Y un varón de Belén de Judá fue a morar en los campos de Moab, él y su mujer, y dos hijos suyos. El nombre de aquel varón era Elimelec, y el de su mujer, Noemí; y los nombres de sus hijos eran Mahlón y Quelión, efrateos de Belén de Judá. Llegaron, pues, a los campos de Moab, y se quedaron allí. Y murió Elimelec, marido de Noemí, y quedó ella con sus dos hijos, los cuales tomaron para sí mujeres moabitas; el nombre de una era Orfa, y el nombre de la otra, Rut; y habitaron allí unos diez años. Y murieron también los dos, Mahlón

y Quelión, quedando así la mujer desamparada
de sus dos hijos y de su marido."

Rut 1:1-5 RVR1960

El libro de Rut tiene solamente cuatro capítulos que nos
comparten importantes historias, varios acontecimientos
que son aún relevantes para la vida cristiana, sin embargo
a lo que más se hace referencia de este libro del Antiguo
Testamento está precisamente en el capítulo uno.

Aunque se habla que el autor de este libro es desconocido,
es importante poder mencionar que la tradición judía
atribuye que este libro fue escrito por Samuel, quien fue el
niño a quien Dios le habló unas palabras para el sacerdote Elí
quien no logró influenciar positivamente la vida de sus hijos.
Que interesante este detalle. (influencia).

Aquí en este capítulo uno del libro de Rut nos
encontramos con una verdad que debe ser enseñada a todo
nuevo creyente del Evangelio de Jesucristo y es que a todos
nos llegan tiempos difíciles, aún en obediencia a Dios y
los principios bíblicos, pero son en esos momentos donde
aprendemos que Dios es fiel y Todopoderoso.

Un hombre de Belén de Judá llamado Elimelec y su
esposa llamada Noemí, junto a sus dos hijos Mahlón y
Quelión (me parece a mí que son dos nombres a los que no
es fácil poder conseguir tocayos como otro que mencionaré
más adelante) debido al hambre salieron de su tierra y
emigraron a los campos de Moab y moraron allí.

Tiempos difíciles

Muere Elimelec el esposo de Noemí dejándola viuda con
dos hijos quienes tomaron cada uno de ellos mujeres del
lugar de Moab, el nombre de una era Orfa y el nombre de

la otra, Rut. Después del funeral de Elimelec, el esposo de Noemí y el padre de Quelión y Mahlón, hubo dos bodas, así que muy similar al titulo de la película de Hollywood, aquí nos encontramos con dos bodas y un funeral y unos años después dos funerales más, ya que nos dice que Noemí, después de perder a su esposo, también pierde a sus dos hijos, quedando desamparada, sin esposo y sin hijos. Solo le quedan las que han sido sus nueras, Rut y Orfa.

Ha llegado la hora de las decisiones difíciles, esos momentos que nos dicen y ¿ahora que? Son esos momentos en que nuestras decisiones serán tomadas de acuerdo a nuestras creencias, esas verdades que entendemos que no son negociables, aún viendo a los demás tomando decisiones que son opuestas a nuestra manera de conducirnos; eso se llama CONVICCIONES, lo que creemos aunque más nadie esté de acuerdo con nosotros.

Regresemos a los versículos del capítulo uno, y veamos el escenario.

Orfa y Rut ahora también viudas están experimentando en carne propia el mismo dolor de la pérdida de quien ha sido su suegra. Ellas dos son mujeres de Moab, que han estado casadas con hijos de una familia israelita pero viviendo en su propia tierra y con sus costumbres. He aquí entonces tres mujeres viudas, Noemí, Orfa y Rut. Les invito a leer unos versículos más de las escrituras, los versos 8 al 13, aquí se los anexo:

> "Y Noemí dijo a sus dos nueras: Andad, volveos cada una a la casa de su madre; Jehová haga con vosotras misericordia, como la habéis hecho con los muertos y conmigo. Os conceda Jehová que halléis descanso, cada una en casa de su marido. Luego las besó, y ellas alzaron su voz y lloraron, y

le dijeron: Ciertamente nosotras iremos contigo a tu pueblo. Y Noemí respondió: Volveos, hijas mías; ¿para qué habéis de ir conmigo? ¿Tengo yo más hijos en el vientre, que puedan ser vuestros maridos? Volveos, hijas mías, e idos; porque yo ya soy vieja para tener marido. Y aunque dijese: Esperanza tengo, y esta noche estuviese con marido, y aun diese a luz hijos, ¿habíais vosotras de esperarlos hasta que fuesen grandes? ¿Habíais de quedaros sin casar por amor a ellos? No, hijas mías; que mayor amargura tengo yo que vosotras, pues la mano de Jehová ha salido contra mí."

Rut 1:8-13 RVR1960

He leído estos versículos una y otra vez y en ellos veo varias lecciones muy importantes con relación al tema que estoy tratando, quiero que se fije que quien tiene la batuta es Noemí, es ella quien inicia la conversación sobre la situación real en la que se encuentran, es Noemí la que habla y la que pone las cartas sobre la mesa. Ella les dice a las que han sido sus nueras:

Andad, volveos cada una a la casa de su madre, vr.8.

Dígame usted, ¿No cree que esto es significativo? El panorama es desolador, tenemos a una mujer ya avanzada en edad, que ha perdido esposo, y además ha perdido a sus dos hijos; con todo esto tiene una actitud donde demuestra que no hay en ella la más minima señal de egoísmo, que no se concentra en sus necesidades sino que pone por encima de su difícil situación la realidad de Rut y Orfa. Creo como pastor y ministro del Evangelio que este modelo bíblico puede servir de ayuda a muchas personas que en momentos parecidos se hunden en la conmiseración y obliga a los que le rodean que solo le tengan lastima y no amor genuino. No olvidemos que ellas dos, Orfa y Rut son Moabitas, que sus costumbres son opuestas a la de ella como judía, además son aún jóvenes y no tienen ninguna obligación hacia ella, agreguemos que ahora Noemí está en tierra extranjera y que solo le queda regresar a su tierra natal, que es una tierra conocida para ella pero totalmente desconocida para Orfa y Rut. ¿Que sucede ahora? La adversidad le obliga a tener que tomar decisiones de gran envergadura, decisiones que tienen que ver con ramificaciones familiares, culturales y además espirituales. Hay algo que para mí es de gran relevancia y es que en esta pequeña conversación que Noemí tiene con ellas menciona el nombre del Dios que ella conoce, en quien ella cree, el Dios de Israel, que como todos sabemos es opuesto a las costumbres de Moab. Aquí se los menciono:

-"Jehová haga con vosotras misericordia"; "Os conceda Jehová que halléis descanso..."; "...la mano de Jehová ha salido contra mi". Noemí las encomienda a Jehová, su Dios, quien es Dios que tiene misericordia y que da descanso en medio de momentos como los que ellas están enfrentando.

¿Y que pasa entonces? El versículo 10 del capítulo uno nos dice que ellas le dijeron "nosotras ciertamente iremos contigo a tu pueblo".

Con toda franqueza le puedo decir que momentos como estos los he visto repetidamente, son momentos donde las emociones pueden ser las que dominan el escenario llevando a personas a tomar decisiones sin ser razonables, esas decisiones emocionales donde la razón no evalúa los riesgos, no hay cálculos, y cuando los resultados son negativos entonces se hacen acusaciones de culpabilidad, se crean muchas tensiones que ha dejado a familias y vidas divididas. Creo que las cosas deben ser habladas y ponerse claras sobre la mesa, ya que no es saludable que en momentos cruciales de la vida nuestra y en la de otros no tengamos el valor de exponer los riesgos que vemos envueltos en algunas decisiones; callar y dejar con expectativas irreales nunca a hecho bien a nadie.

Y es aquí donde mi admiración sobre Noemí aumenta, si quiere saber la razón leamos la respuesta que Noemí les da a Rut y Orfa después de escucharlas decir que irían con ella a su pueblo:

"Y Noemí respondió: Volveos, hijas mías; ¿para qué habéis de ir conmigo? ¿Tengo yo más hijos en el vientre, que puedan ser vuestros maridos? Volveos, hijas mías, e idos; porque yo ya soy vieja para tener marido. Y aunque dijese: Esperanza tengo, y esta noche estuviese con marido, y aun diese a luz hijos, ¿habíais vosotras de esperarlos hasta que fuesen grandes? ¿Habíais de quedaros sin casar por amor a ellos? No, hijas mías; que mayor amargura tengo yo que vosotras, pues la mano de Jehová ha salido contra mí."

Rut 1:11-13 RVR1960

Permítame que haga aquí una pausa y le pregunte a usted como lector, ¿Qué haría usted en una situación similar? ¿Les hablaría así de claro? Piénselo...

Esta es una ilustración perfecta de lo que es ser transparente, sin zonas grises, no hay verdades a medias. En palabras más sencillas de entender les dice "esto es lo que hay". No tengo nada que ofrecerles, si vienen conmigo esperando algo quiero que sepan que están perdiendo su tiempo. Eso sí es hablar claro. Cuantos malos entendidos nos evitaríamos si dejáramos de hacer ofertas o esas promesas que en lo profundo de nuestro ser sabemos que no las vamos a poder cumplir.

Y ahora Orfa actúa de manera lógica, con el sentido común activado y entonces alzando la voz lloraron, ambas lloran Rut y Orfa, y después de llorar, (las despedidas son tristes, lo veo mucho en los aeropuertos) Orfa se acerca a la que ha sido su suegra y se despide allí de ella con un beso. Se fue Orfa, así de sencillo, un beso y adios... bye bye

No pierda detalle, poco a poco Orfa va alejándose y sin perdida de tiempo Noemí de nuevo asesta un golpe directo a las emociones de Rut, lo leemos en el versículo quince:

> "Y Noemí dijo: He aquí tu cuñada se ha vuelto a
> su pueblo y a sus dioses; vuélvete tú tras ella."
> Rut 1:15 RVR1960

Es un momento crucial. Es la hora de la decisión. Prestemos atención a la referencia que Noemí hace para motivar a Rut a que aproveche la oportunidad de irse junto a Orfa. "tu cuñada se ha vuelto a su pueblo y a sus dioses". De nuevo: "pueblo" y "dioses" ¡¡¡Que realismo!!!

Y aquí una vez más quisiera aplicar esto a la vida actual. Son estos momentos en que con nuestras decisiones demostramos la influencia que han dejado algunas personas en nuestra vida. Tal vez los padres, abuelos, pastores, profesores, o esos amigos que son de una sola pieza. Gente que lo ayudan a uno a revisar nuestras creencias, revisar los valores esenciales de la vida en un mundo que vive en confusión. Ahora Rut viendo a Orfa alejándose y escuchando a Noemí hablándole de lo que se está perdiendo (su cultura y su sistema religioso) deja ver sus CONVICCIONES.

> "Respondió Rut: No me ruegues que te deje, y me
> aparte de ti; porque a dondequiera que tú fueres,
> iré yo, y dondequiera que vivieres, viviré. Tu

pueblo será mi pueblo, y tu Dios mi Dios. Donde tú murieres, moriré yo, y allí seré sepultada; así me haga Jehová, y aun me añada, que solo la muerte hará separación entre nosotras dos."

Rut 1:16-17 RVR1960

ESO SE LLAMA CONVICCIONES. LO QUE CREEMOS EN MOMENTOS TAN DETERMINANTES. Lo que creemos aunque otros no lo crean, y esas CONVICCIONES determinarán nuestras decisiones.

Y termino este segundo capítulo con las palabras del escritor de este libro de Rut, que posiblemente haya sido Samuel y que están registradas en el versículo dieciocho del capítulo uno:

"Y viendo Noemí que estaba tan resuelta a ir con ella, no dijo más."

Rut 1:18 RVR1960

... no dijo más ...

Capítulo Tres

Samuel: Nuestro compromiso es con Dios

Debido a los grandes cambios que hemos sufrido en pocos años, hoy estamos siendo testigos de una generación que se le hace desconocida la palabra compromiso. Debido a eso la influencia de la Iglesia de Jesucristo hacia la sociedad actual es baja ya que muchos de los que nos llamamos creyentes hemos perdido la esencia de lo que es vivir una vida comprometida con Dios. Hemos pasado de una sociedad de valores firmes a una mentalidad de relativismo. Los conceptos sobre vida espiritual, eternidad del alma, santidad, salvación, cielo, infierno o simplemente hablar de la necesidad de asistencia a la Iglesia, es visto como irrelevante y si le agregamos el hablar de la necesidad de tener comunión con Dios es visto como fanatismo exagerado.

Ahora como yo tengo la completa seguridad de que vivir la vida sin tener compromiso con Dios es vivir una vida incompleta, me dispongo en este capítulo a exponer argumentos bíblicos y también experiencias de personas que hoy quisieran devolver el tiempo debido a los resultados obtenidos a través de esa mentalidad del "nada importa".

La estrategia del diablo en nuestra sociedad actual está dandole resultados. Él es el maestro del engaño, el padre de toda mentira y con su sutileza ha llevado a muchos a creer que podemos vivir nuestra vida sin compromisos espirituales, despreocupados totalmente de la muerte y además sin tener en cuenta la realidad del cielo o del infierno para la eternidad.

Al leer las Sagradas Escrituras con el interés de conseguir conocimientos que sean útiles en medio de una sociedad a la deriva, descubro que hay razones bien marcadas que nos obligan a quebrar ese distanciamiento hacia las verdades espirituales y también poder romper esa apatía. Una de las principales razones es que Dios lo ordena, y los pasajes bíblicos que se refieren a este asunto son imperativos, no son recomendaciones, no son sugerencias, son mandatorios. Leamos esto que se encuentra en el libro de Romanos capítulo doce y los versículos nueve al versículo once:

> "Ámense sinceramente unos a otros. Aborrezcan lo malo y apéguense a lo bueno. Ámense como hermanos los unos a los otros, dándose preferencia y respetándose mutuamente. Esfuércense, no sean perezosos y sirvan al Señor con corazón ferviente. Vivan alegres por la esperanza que tienen; soporten con valor los sufrimientos; no dejen nunca de orar."
>
> Romanos 12:9-12 DHH941

Que directo! Al leerlos somos confrontados por Dios, nos da una orden, dejen de ser individualistas, ámense sin falsedades, dejen la APATÍA.

Y dentro de estos versículos nos manda a esforzarnos, a que no seamos perezosos y que sirvamos al Señor con corazones fervientes; allí hay una razón adicional para romper con la apatía espiritual, nos dice que sirvamos al Señor fervientemente y creo como ministro evangélico que eso es lo que la Iglesia de Jesucristo necesita.

Estamos mirando a una sociedad distraída, donde el enfoque está en tener tranquilidad y prosperidad y después de eso, más nada importa.

Ahora la palabra de Dios nunca nos deja a la deriva y siempre nos guía a una correcta visión de la vida y en capítulo quince del primer libro de Samuel nos encontramos con una historia que nos permite sacar conclusiones sobre el asunto que estamos tratando. Una magnifica historia donde los protagonistas son el Rey Saúl y el profeta Samuel. Veamos los versículos 1 al 3 del capítulo 15:

> "Después Samuel dijo a Saúl: Jehová me envió a que te ungiese por rey sobre su pueblo Israel; ahora, pues, está atento a las palabras de Jehová. Así ha dicho Jehová de los ejércitos: Yo castigaré lo que hizo Amalec a Israel al oponérsele en el camino cuando subía de Egipto. Ve, pues, y hiere a Amalec, y destruye todo lo que tiene, y no te apiades de él; mata a hombres, mujeres, niños, y aun los de pecho, vacas, ovejas, camellos y asnos."
> 1 Samuel 15:1-3 RVR1960

Quiero ser lo más preciso con usted: No solo quiero que recuerde la historia y agregue mayor conocimiento bíblico sino que pueda sacar conclusiones para su propia vida que le sean útiles en los momentos de mayor necesidad.

Es curioso que Samuel le dice al Rey Saúl que esté atento a las palabras que Jehová le ha enviado a decirle. Me da la impresión que Samuel quiere reducir los riesgos de error en la instrucciones que va a darle. Samuel le dice a Saúl que vaya a Amalec y destruya todo... de nuevo quiero hacer énfasis en esta instrucción: "...y destruye todo lo que tiene..." TODO ES TODO. ¿Hay algo en estas instrucciones que le parezca a usted confuso? ¿Cree que hay algo que no se entienda? Si no tiene la respuesta le invito a que regrese y vuelva a leer esas palabras de Samuel dadas al Rey de Israel de ese momento. ¿Las leyó? Más claro creo que es imposible.

Si seguimos leyendo al llegar al versículo siete hasta el nueve nos encontramos con algo que no es fácil de entender. Allí está en blanco y negro, veamos:

> "Y Saúl derrotó a los amalecitas desde Havila hasta llegar a Shur, que está al oriente de Egipto. Y tomó vivo a Agag rey de Amalec, pero a todo el pueblo mató a filo de espada. Y Saúl y el pueblo perdonaron a Agag, y a lo mejor de las ovejas y del ganado mayor, de los animales engordados, de los carneros y de todo lo bueno, y no lo quisieron destruir; mas todo lo que era vil y despreciable destruyeron."
>
> 1 Samuel 15:7-9 RVR1960

Esto nos ayuda a poder entender la razón por la que Samuel le pidió a Saúl que estuviera atento a las palabras que él iba a decirle. Echemos un vistazo de nuevo y enfoquémonos en esto:

"Y Saúl y el pueblo perdonaron a Agag, y a lo mejor de las ovejas y del ganado mayor,...

Pregunto: ¿Quienes perdonaron y decidieron hacer las cosas a su manera? La respuesta bíblica es "Saúl y el pueblo". Ahora a quien se le dio las instrucciones de parte de Dios? La respuesta ya la sabe, al Rey Saúl.

No le resulta a usted curioso que con unas palabras tan claras que Samuel le comunicó al Rey Saúl luego él decida perdonar lo que Dios ya había condenado. A mí me despierta una gran curiosidad.

Uno de los retos más claros para un líder cristiano a cargo de cuidar el crecimiento espiritual de las personas, es mantenerse en obediencia total a las instrucciones dadas por DIOS, quien nos llamó a servirle, y por quien estamos donde estamos, debemos enfocarnos a que esas personas requieren de nuestra búsqueda de dirección Divina para llevarlos al propósito de sus vidas en Cristo; ahora en medio de ese reto podemos caer en la tentación de hacer las cosas a nuestra manera, a poner por encima de lo que Dios nos dice nuestras propias ideas. Y eso fue lo que hizo el Rey de Israel, Saúl.

Ahora Jehová Dios le habla de nuevo al profeta Samuel ya que sabe que Saúl ha desobedecido a sus palabras y quiere que Samuel lo sepa y se lo haga saber al desobediente Saúl. Leámoslo:

> "Y vino palabra de Jehová a Samuel, diciendo: Me pesa haber puesto por rey a Saúl, porque se ha vuelto de en pos de mí, y no ha cumplido mis palabras. Y se apesadumbró Samuel, y clamó a Jehová toda aquella noche."
>
> 1 Samuel 15:10-11 RVR1960

La versión Dios habla hoy dice "...se ha apartado de mí y no ha seguido mis ordenes..."

Así que Jehová Dios y el profeta Samuel están en conocimiento que el Rey Saúl no ha hecho lo que se le ordenó y ahora le toca al profeta Samuel ir donde está Saúl y tener que decirle lo que Dios le ha dicho. Pensemos, Dios le habla a Samuel diciéndole que le pesa haber puesto a Saúl como Rey pues se ha vuelto en su contra, ahora Samuel va en camino con el conocimiento de los hechos desobedientes de Saúl y al encontrarse con él uno pudiera pensar que Saúl debe imaginarse que las palabras que va a escuchar de los labios de Samuel van a estar relacionadas a su desobediencia. ¿No le parece obvio? Así lo veo yo, pero ahora leamos sobre ese encuentro de Samuel con el Rey Saúl:

> "Vino, pues, Samuel a Saúl, y Saúl le dijo: Bendito seas tú de Jehová; yo he cumplido la palabra de Jehová."
>
> 1 Samuel 15:13 RVR1960

WOW! WOW, que recibimiento! Que escenario tan distinto! Dios dice: "Saúl no ha cumplido mis palabras" y Saúl dice: "...yo he cumplido la palabra de Jehová". Aunque parezca sorpresivo este estilo de vida es adoptado en nuestra sociedad de hoy, sin ningún remordimiento y con una gran frialdad escucho a personas decirme: "tengo paz en mi corazón, se que Dios me ha dado la libertad de divorciarme" o algo como esto: "después de pensarlo y ponerlo en oración he entendido que quedarme en casa junto a mi esposo no es la voluntad de Dios para mi vida". Y al escucharlos da la impresión que quienes necesitan claridad somos nosotros, pues somos los que estamos confundidos, ellos suenan tan espirituales que uno llega a pensar que somos nosotros a quienes les falta una mejor comunión con Dios. Pero seamos realistas, esas palabras aunque se oyen muy espirituales, son decisiones en total desobediencia a la Palabra de Dios.

Ese es el espíritu de Saúl, pues viendo a Samuel venir a donde él está, se adelanta y le da un reporte diciéndole que ha hecho lo que Dios le ordenó. Pero decirle esto a el profeta Samuel no le funcionó ya que Samuel tiene una palabra dada directamente por Dios. Que necesario es estar en sintonía con la palabra de Dios y tener comunión con Él en intimidad para momentos como estos.

Y no quiero perder la oportunidad de dejarle a usted como lector unas palabras que sean correctivas hoy con la intención de que no tenga que pasar por el dolor de la recuperación por no prestarle atención.

Cuando nos equivocamos y le fallamos a Dios, desobedeciendo su palabra, pecando, no obtenemos ningún beneficio el querer justificar nuestras acciones, no tomemos la tendencia tan común de querer buscar culpables, pues aunque nos resulte más fácil, a la larga se convierte en un impedimento para ser bendecidos por Dios y además afectamos a los que nos rodean. Cuando le fallemos a Dios la acción correcta es inmediatamente arrepentirnos delante de Él y pedirle perdón, pues no hay otro método que sea tan eficaz como el reconocer nuestro pecado y hacer cambios de conducta. Lo que compartió el Salmista David debe ser tomado en cuenta para esos momentos:

"Mientras callé, se envejecieron mis huesos En mi gemir todo el día. Porque de día y de noche se agravó sobre mí tu mano; Se volvió mi verdor en sequedades de verano."

Salmos 32:3-4 RVR1960.

Me callé y de día y de noche se agravó tu mano sobre mí. Aprendamos de su experiencia!

Bueno ahora regresemos a la historia que estamos considerando del profeta Samuel y el Rey Saúl en el que tristemente fue el último encuentro entre ambos. Mientras Saúl intenta engañar a Samuel este va directo al asunto haciéndole una pregunta al Rey: "¿Pues qué balido de ovejas y bramido de vacas es este que yo oigo con mis oidos?" (1 Samuel 15:14)

Así como se hace difícil ocultar el humo o las tos, de la misma manera a Saúl se le hacia imposible callar el balido y bramido de los animales.

Tómese un tiempo para leer este versículo quince del capítulo quince de 1ra de Samuel, que contiene una respuesta que demuestra que Saúl no tiene ninguna intención de admitir su desobediencia, y en ves de doblegarse traslada la culpa al pueblo, fueron ellos lo que perdonaron lo mejor de las ovejas y de las vacas (algo así como hicieron control de calidad) y lo que causa más sorpresa es leer que la razón es para ofrecérselas a Jehová (tu Dios, el Dios tuyo Samuel, ya parece ser que para el Rey Saúl no era su Dios).

Y son en estos momentos tan específicos donde se deja claro lo que uno cree. Aún a pesar de todo lo que el Rey Saúl sigue intentando hacer para justificar su desobediencia y escuchando que el pueblo era parte de la decisión, Samuel no aguanta más y deja claro lo que es vivir con convicciones. La creencia de Samuel es que a Dios se le toma en serio. Así que Samuel interrumpe al que hasta ahora es el Rey de Israel, ya no quiere escucharle más excusas y le dice:

> "Y Samuel dijo: ¿Se complace Jehová tanto
> en los holocaustos y víctimas, como en que se
> obedezca a las palabras de Jehová? Ciertamente

el obedecer es mejor que los sacrificios, y el prestar atención que la grosura de los carneros."

1 Samuel 15:22 RVR1960

ESO ES CONVICCIÓN. TE GUSTE O NO TE GUSTE, TE PAREZCA O NO TE PAREZCA; SAMUEL LE DICE A SAÚL QUE A DIOS SE LE DEBE OBENDIENCIA. TE HABLÉ CLARO LAS INSTRUCCIONES Y LAS HAS DESOBEDECIDO. SAÚL, ES OBEDIENCIA LO QUE COMPLACE A JEHOVÁ NO SACRIFICIO. OBEDECER ES MEJOR QUE OFRECER HOLOCAUSTOS. ESO ES HABLAR CON CONVICCIÓN.!

Y con esa posición tan firme del profeta Samuel el Rey Saúl dice: "Yo he pecado" (1 Samuel 15:24)

La gente de convicciones firmes sirven de ayuda a muchos que lo están necesitando. ALELUYA.

Capítulo Cuatro

La Reina Ester, mucho más que belleza

..."Y si perezco, que perezca". Est.4:16

L a batalla de las opciones es algo que aparece en muchas ocasiones en las Sagradas Escrituras, hay historias bíblicas que nos dejan lecciones muy significativas con relación a esa batalla. Y lo que lo hace más significativo es que en medio de situaciones de la vida donde hay opciones, no solo están envueltas las cosas, lugares o personas que escogemos para que sean parte de nuestra vida, también debemos considerar en ese campo de opciones, las cosas, lugares o personas que tenemos que dejar. En cada caso en el que se presenta esas opciones también envuelve medir lo que dejamos. Pues al escoger también dejamos. Al decidir por uno tienes que dejar el otro.

Podemos ver un ejemplo en las palabras que registra el capítulo trece del libro de los Hebreos en el Nuevo

Testamento, en los versículos veinticuatro al veintiséis, hablando sobre el líder Moises hecho ya grande, tuvo la batalla de las opciones.

> "Por la fe Moisés, hecho ya grande, rehusó llamarse hijo de la hija de Faraón, escogiendo antes ser maltratado con el pueblo de Dios, que gozar de los deleites temporales del pecado, teniendo por mayores riquezas el vituperio de Cristo que los tesoros de los egipcios; porque tenía puesta la mirada en el galardón."
>
> Hebreos 11:24-26 RVR1960

En nuestro de mundo hoy con motivaciones egoístas, donde el lema de motivación es la obtención de placeres a cualquier costo, este pasaje de las Sagradas Escrituras es como alcohol isopropílico, este pasaje es un desinfectante efectivo en contra de las infecciones de pensamientos pecaminosos para convertirnos en amantes de los placeres más que de Dios. Moises escogió, y al escoger dejó. Que dejó? Bueno el texto nos lo dice, "rehusó llamarse hijo de la hija del Faraón" y además también dejó el privilegio que le daba Egipto de gozar de los deleites temporales del pecado.

Es imposible que podamos ganar en la batalla de las opciones si no se tiene convicciones firmes, esas creencias solidas que nos ayudarán a colocar la razón por encima de los apetitos carnales contrarios al diseño de Dios y que solo nos dejan resultados lamentables.

Eso fue lo que llevó a Moises a ser tan determinante al tener que comparar las opciones; y quiero llevarle hoy mientras lee este capítulo que lo considere para usted como un ejemplo a seguir. Leámoslo tal y como lo dice el escritor de los Hebreos: "...teniendo por mayores riquezas el vituperio de Cristo que los tesoros de los egipcios; porque tenía puesta la mirada en el galardón". Allí está la razón, sus convicciones estaban claras, lo eterno por encima de lo temporal.

¿Le ayuda a usted esta verdad a revisar sus metas? Le propongo que detenga la lectura y ore al Señor en este momento.

Mi mayor propósito al compartir esto con usted es que sus convicciones sean fortalecidas en medio de tantos cambios que se están produciendo.

Otro ejemplo bíblico sobre la batalla de las opciones la encontramos en el joven José, el cual también fue llevado a Egipto, y luego prosperado por Dios a tal punto que Potifar oficial del Faraón le dio el encargo de su casa y de todo lo que tenía y Potifar no se preocupaba de cosa alguna pues José era fiel en todo lo que se le había asignado.

LA BATALLA DE LAS OPCIONES APARECE MUCHAS VECES SIN QUE LAS BUSQUEMOS

En el capítulo treinta y nueve del libro de Génesis en el versículo siete al nueve nos dice:

> "Aconteció después de esto, que la mujer de su amo puso sus ojos en José, y dijo: Duerme conmigo. Y él no quiso, y dijo a la mujer de su amo: He aquí que mi señor no se preocupa conmigo de lo que hay en casa, y ha puesto en mi mano todo lo que tiene. No hay otro mayor que yo en esta casa, y ninguna cosa me ha reservado sino a ti, por cuanto tú eres su mujer; ¿cómo, pues, haría yo este grande mal, y pecaría contra Dios?"
>
> Génesis 39:7-9 RVR1960

De nuevo escoger y dejar. Dejar y escoger. La vida cristiana está envuelta de muchos momentos como estos. Un amigo mío que trabaja haciendo mantenimiento de casas me relató que un día de trabajo llegó a una de las casas en la que hacía meses estaba haciendo el mantenimiento y mientras caminaba por la parte trasera del jardín se encontró con la esposa del dueño de la casa a quien había visto en otras oportunidades y donde el único contacto que había habido entre ellos era solo un saludo a la distancia, pero ese día estaba en traje de baño y fuera del área de la piscina y muy cerca del lugar donde él tenía que hacer el trabajo; él hizo como que no la había visto pero ella se le acercó y le buscó conversación, él me dijo que solo verla allí al frente y de la forma que estaba vestida era un momento muy incomodo. Aunque trató de evitar seguir la conversación, ella disimuladamente insistía en alargarla, entonces él decididamente le dijo: -Señora, por que usted no entra a su casa y se viste para yo poder seguir trabajando? Y ella se miró a si misma y luego viéndolo a los ojos le respondió tambien con una pregunta: ¿Es que no te gusta como veo?... ...Allí está! Es el momento de las opciones. Con fortaleza de Dios sobre sus deseos mi amigo pudo decirle con firmeza que él tiene en casa una mujer que es su esposa y que estaba satisfecho con lo que tenía. Y sin darle más oportunidad tomó sus herramientas de trabajo, la dejó allí parada y continuó haciendo su labor, luego terminó y salió del lugar sorprendido de esa experiencia tan inesperada.

Eso fue lo que pasó con José y la esposa de Potifar, a diferencia de mi amigo que solo sucedió una vez, la esposa de Potifar lo hacia diariamente y viendo que no quería acostarse con ella un día lo agarró de su ropa obligándole a que se acostasen juntos; y José tuvo que escoger; y recuerde al escoger también hay que dejar.

Que realismo encontramos en la Biblia, las pasiones sexuales que se despiertan a través de la atracción de nuestra carne son presentadas en hombres y mujeres de las historias bíblicas.

Eso es lo que hay en nuestra sociedad, perversidad y preocupación exagerada por el sexo; constantemente nos están bombardeando por diferentes vías con la intención de despertar excitaciones y obligarnos a satisfacer nuestros deseos pecaminosos. Ya nada parece suficiente, cada vez el ataque es más fuerte; con todo ese ataque despiadado no me queda duda que necesitamos el poder de Dios para poder vencer.

Y regresando a la historia bíblica de José lo encontramos huyendo, dejándo en las manos de la esposa de Potifar sus ropas. Huyó, si, José huyó, escogiendo no pecar contra Dios y dejando el placer que le ofrecía ella. (Gn. 39:9)

Quiero decirle que he aprendido en mis años de vida que eso no se le logra en un día, no es algo instantáneo, es algo que se forma a través de nuestras convicciones, esas creencias que se van fortaleciendo internamente en nosotros a través de intimidad con Dios y con su palabra escrita para nuestras vidas. Es imposible adaptarse a este sistema, dejándonos arrastrar con imágenes y música que estímula los deseos y mantenerse firme ante la tentación. NO SEAMOS TAN INGENUOS.

Si usted es un cristiano nacido de nuevo que ha empezado a debilitarse en sus convicciones acerca de la santidad en lo sexual, le animo y le exhorto a que ahora mismo renuncie a esas tentaciones y decida vivir de acuerdo a la Palabra de Dios.

MANIFESTACIÓN DE FUERTES CONVICCIONES

Y deseo concluir este capítulo examinando cuidadosamente un escenario bien interesante, parece un libreto hecho por un guionista de la industria del cine, es la historia de la Reina Ester que se encuentra en el Antiguo Testamento.

He llegado a concluir después de muchos análisis que los momentos más apropiados para demostrar cuales son nuestras convicciones es cuando las situaciones se hacen complicadas, creo que cuando la adversidad aparece nos ayuda a descubrir lo fuertes o débiles que somos en la realidad.

Como la Biblia contiene una valiosa información impregnada de muchos ejemplos acerca de este tema y debido a que a nosotros se nos hace más sencillo captar verdades importantes cuando las vemos en la vida de otras personas, quiero basarme en la historia bíblica de esta bellísima joven doncella judía llamada Ester (su nombre original en hebreo es Hadassah), huérfana y quien fue adoptada por un familiar consanguíneo, su primo-hermano llamado Mardoqueo, un varón judío devoto que tenía acceso a la puerta del palacio del rey y quien se encargó que la belleza de su prima Ester (también judía) fuese conocida por Asuero, quien era el rey, y nos dice la historia bíblica del libro que lleva su nombre en el capítulo dos y los versos dieciséis al diecisiete algo muy interesante, veámoslo:

> "Fue, pues, Ester llevada al rey Asuero a su casa
> real en el mes décimo, que es el mes de Tebet,
> en el año séptimo de su reinado. Y el rey amó a
> Ester más que a todas las otras mujeres, y halló
> ella gracia y benevolencia delante de él más que

todas las demás vírgenes; y puso la corona real
en su cabeza, y la hizo reina en lugar de Vasti."
                              Ester 2:16-17 RVR1960

Ester se convirtió en reina de Persia y de Media!

Si, ahora es la esposa del rey Asuero y asciende al trono
pero... si, pero, esos pero que anulan lo anterior. Ester es reina
pero es judía y ella no lo había declarado porque su primo
Mardoqueo le había mandado que no lo declarase. (Ester 2:10)

Las cosas cambian repentinamente

Las cosas cambian, y ahora nos encontramos que después
de un ascenso y una celebración, el rey Asuero decreta una
orden firmada y sellada con el anillo real, instigado por un
hombre llamado Amán, quien era enemigo de los judíos.
Echemos un vistazo al versículo 13:

> "Y fueron enviadas cartas por medio de correos
> a todas las provincias del rey, con la orden de
> destruir, matar y exterminar a todos los judíos,
> jóvenes y ancianos, niños y mujeres, en un mismo
> día, en el día trece del mes duodécimo, que es el
> mes de Adar, y de apoderarse de sus bienes."
>   Ester 3:13 RVR1960

Permítame hacer una pausa aquí para preguntarle
a usted cual seria su actitud personal ante una orden de
destruir, matar y exterminar a todos los judíos, sabiendo que
usted es parte de ese pueblo al que se ordena destruir. ¿No
cree que allí es donde nuestras verdaderas convicciones son
puestas a prueba?

Mardoqueo es parte de ese pueblo y al saber la orden se
fue por la ciudad clamando con grande y amargo clamor. Y

en cada provincia y lugar donde el mandato del rey llegaba ponía a los judíos en gran luto, lloro y lamentaciones. ¿Que hacer en momentos como estos? Mardoqueo le hizo saber a la ahora reina Ester la orden de destrucción, y hay unas palabras de Mardoqueo registradas en la biblia que me cautivan, son palabras sin adornos, sin anestesia, directas a su prima judía Ester quien no tiene autorización para entrar ante la presencia del rey hasta que sea llamada por este, y de hacerlo la ley establecía que debería morir; examinemos juntos estos versículos:

> "Entonces dijo Mardoqueo que respondiesen a Ester: No pienses que escaparás en la casa del rey más que cualquier otro judío. Porque si callas absolutamente en este tiempo, respiro y liberación vendrá de alguna otra parte para los judíos; mas tú y la casa de tu padre pereceréis. ¿Y quién sabe si para esta hora has llegado al reino?"
> Ester 4:13-14 RVR1960

Que importante es la verdad dicha de manera firme. Aquí tenemos a un hombre de fe judía realizando una labor maravillosa, con una actitud diligente le hace saber a su prima Ester que no se vaya a creer que por estar en el palacio podrá escapar de la orden. De nuevo tengo que subir las cejas debido a lo directo que es Mardoqueo, recordemos que fue él mismo que se encargó de llevarla al palacio y que fue él mismo que le instruyó que no dijese nada sobre el pueblo al que pertenecía.

Que le parece esta pregunta que Mardoqueo le hace a Ester: ¿Y quién sabe si para esta hora has llegado al reino?" AWESOME! Esa es una palabra en Inglés que se usa para una acción como esta. (Que traducida al español es como decir

"IMPRESIONANTE") Yo lo veo así, impresionante, ... si para esta hora has llegado al reino.

UNA ACTITUD EXCELENTE

La hora de la decisión! Estas palabras de Mardoqueo sacudieron a la reina Ester y la llevaron a mostrar sus verdaderas convicciones. Es significativo el hecho que Ester está en conocimiento de ley de orden real de no entrar a la presencia del rey si no ha sido llamada, su vida está en juego pero sus convicciones son aún más fuertes, soy judía, soy parte de un pueblo que está en peligro, y estoy aquí y necesito hablarle al rey.

De modo que Ester entiende que esa es su responsabilidad y está clara que tiene que responder por ella; y entonces, manos a la obra:

> "Ve y reúne a todos los judíos que se hallan en Susa, y ayunad por mí, y no comáis ni bebáis en tres días, noche y día; yo también con mis doncellas ayunaré igualmente, y entonces entraré a ver al rey, aunque no sea conforme a la ley; y si perezco, que perezca."
>
> Ester 4:16 RVR1960

"Y si perezco, que perezca". ALELUYA! ALABADO SEA EL SEÑOR NUESTRO DIOS TODOPODEROSO. ESO ES CONVICCIÓN.

Le invito a seguir leyendo esta historia bíblica. Pero si me pregunta, Pastor Massi, ¿de que sirvió esta acción tan valiente? Bueno, (le respondo con el deseo que dedique tiempo de tomar su biblia y leer todos los detalles intermedios de los acontecimientos) el rey Asuero cambió la orden de destrucción después de muchos detalles interesantes dentro de la historia y envió el nuevo decreto a todas las provincias.

Les dejo con las palabras del versículo 16 del capítulo 8: "y los judíos tuvieron luz y alegría, y gozo y honra."

Ester 8:16 RVR1960.

Gente de convicciones cambian la historia. ¿Cuales son las suyas?

Capítulo Cinco

Job, la teología de lo inesperado

La vida es un sumario de muchísimas posibilidades y entre ellas hay algunas situaciones que son inesperadas.

Mientras escribo este libro escucho la reciente noticia que ha aparecido en muchos medios de comunicación con relación a una tragedia acontencida en el país de México; inesperadamente dos vagones se desplomaron sobre una de las avenidas principales del sureste de la capital y según uno de los medios noticiosos informan que al menos hay 25 muertos y muchísimos heridos, algunos medios registran que es la mayor tragedia en esta ciudad desde el terremoto del año 2017. He podido ver imágenes de la caída del puente y de los dos vagones que dejaron atrapados algunos vehículos y a otro grupo de personas. Uno de los momentos más conmovedores que he podido escuchar sobre esta tragedia es el de una madre de un hijo de trece años que salió con su padre a comprar el regalo para la celebración del día de las madres y tomaron este medio de transporte, que precisamente es uno de los metros más transitados del mundo, y allí en ese metro inesperadamente falleció este niño de solo 13 años. Ahora es triste pensar que una mujer que tal vez esperaba pasar el día de las madres con ese hijo ahora está enterada que es parte de los dolientes de esa terrible tragedia, además para este momento que estoy escribiendo su esposo se encuentra en condiciones críticas.

No es mi intención llenarlo de temor, solo deseo que podamos ver la vida como realmente es, con momentos de alegría, de celebraciones, risas pero también de momentos inesperados.

Enfrentándonos a las realidades de la vida

Quienes desconocen el contenido de la biblia pueden llegar a pensar que es un libro místico, difícil de leer y además de entender, pero quiero que sepa que es un libro que contiene un realismo tan profundo como las noticias que acabo de mencionar.

Vayamos a una historia bíblica de muchos años atrás, se encuentra antes del libro de los Salmos y el nombre del libro es el del protagonista de este capítulo, es JOB. El autor del libro es desconocido, aunque hay teólogos que creen que haya sido escrito por Salomón.

El libro inicia con estas palabras "Hubo en tierra de Uz un varón llamado Job; y era este hombre perfecto y recto, temeroso de Dios y apartado del mal". Buen comienzo, de manera que la descripción de este hombre es interesante pues es Dios mismo quien esta informando sobre sus credenciales, nos dice que era "apartado de todo mal".

Sin lugar para las dudas nos deja saber que Job era un hombre consagrado, recto y perfecto. Si seguimos leyendo nos dice en el versículo dos que le nacieron siete hijos y tres hijas. Así que tiene una familia grande compuesta de doce personas, sus diez hijos, su esposa y él.

Otra información la encontramos en el versículo tres donde nos habla de sus posesiones, una hacienda, siete mil ovejas, tres mil camellos, bueyes, asnas, muchísimos criados; y era más grande que todos los orientales. Esto nos deja claro que Job no tenía que preocuparse por lo económico, estaba próspero. Es lo que pudiéramos decir en un ambiente natural: lo tenia todo. No le faltaba nada.

En aquellos días los holocaustos eran parte de la devoción de comunión con Dios, y al leer la historia nos dice que Job ofrecía holocaustos no solo por él sino por sus hijos, y lo hacía todos los días. ¿Que más se puede pedir? Un hombre con buena reputación en su tierra, con posición económica estable, consagrado a Dios, con hijos adultos, cada uno con su casa y adicional con buena relación entre ellos.

La adversidad hace su aparición sin dar aviso

Estos son los momentos similares al acontecimiento que les mencioné al inicio de este capitulo: La tragedia acontecida en México.

El versículo trece del capítulo uno nos dice "Y un día aconteció... así nada más. Un día cualquiera, si, un día más de 24 horas, pero este iba a ser muy diferente. Tal vez un día muy similar a muchas de las familias de los ocupantes de esos vagones de tren en el país de Mexico.

Y aquí quiero dejarle saber mi apreciación cuando en hechos tan difíciles de enfrentar escucho a personas de diferentes congregaciones cristianas hablar que ellos ya sabían que eso iba a pasar. Recuerdo que para el año 2001 en el ataque a las torres gemelas en la ciudad de New York y donde fallecieron muchas personas, una hermana cristiana me dijo unos 5 meses después del suceso que Dios ya le había mostrado a ella lo que iba a pasar con las torres en New York, y me habló relatándome con detalles todo lo que ella ya sabia con anticipación. No recuerdo que le haya dicho yo a ella después de escucharla, pero mientras hoy escribo, creo sin lugar a dudas que cuando Dios le place mostrarle a alguien un acontecimiento como este, es para que sirva de prevención, preparación o impedimento para que no acontezca, pero después de haber sucedido y ver las lamentables perdidas, lo mejor que podemos hacer es callar, pues ya no sirve de nada. En mi país hay un refrán popular que dice "después que el perro nace ya todos saben que es macho". Es otras palabras, no tiene ninguna importancia decir que lo sabíamos pues ya no hay nada que podamos hacer.

He notado que muchas de esas personas al hacer eso solo buscan mostrar que son muy espirituales, que Dios les habla, les muestra, les advierte pero al revisarle sus resultados de vida, por lo menos a mi me deja muchas dudas.

La soberanía de Dios.

Volviendo al capítulo uno del libro de Job en los versos 13 al 19 leemos que lo inesperado hizo su aparición y la vida de Job sufre un cambio total, en un solo día lo pierde todo.

Al leer el contexto de ese día trágico en la vida de Job nos enteramos que en el mundo espiritual hay una conversación sobre Job; esa conversación es entre Jehová Dios y Satanás. Es curioso que después de esa conversación no haya habido de parte de Dios un alerta, una advertencia, una voz angelical o tal vez un sueño dejándole saber a Job lo que estaba a punto de acontecerle. Siendo algo tan importante, ya que lo involucraba tanto a él como a su familia, además a sus posesiones. Pero no, no hubo nada que lo alertara, así que Job se levanta ese día sin tener idea de lo que está por sucederle.

Eso debe llevarnos a revisar nuestra Teología, pues no es bíblico enseñar que Dios siempre va a dar una advertencia a sus hijos cuando algo malo está por acontecerles. Y estoy seguro que usted tiene algún conocimiento específico sobre eso, tal ves en su propia vida o en la de alguien más. Hay situaciones en la que solo debemos sostenernos en la soberanía de Dios. El es Dios, Rey del Universo, Creador de todo lo que existe y no tiene ninguna obligación con su creación.

En el inicio del mes de Marzo del año 2020 a través de la pandemia por el virus corona, pudimos mi esposa y yo ser testigos de las cosas inesperadas, la agenda de nuestra labor ministerial para ese año estaba muy bien, cosa que nos alegraba como muchos de los años anteriores, y en un espacio de unos 12 días todos los compromisos comenzaron a cancelarse debido a las ordenes de restricciones y de distanciamiento social; y desde el 15 de Marzo nos quedamos sin ninguna actividad ministerial y sin ningún ingreso. Simplemente todo cambió y nos encontramos encerrados en casa con todos los gastos obligatorios por cumplir y con las informaciones diarias del avance de contagio del virus, algo que por ser desconocido nos producía gran desaliento. Solo nos refugiábamos en la oración y lectura de las Sagradas Escrituras. Una mañana dentro de ese periodo obligatorio de permanecer en casa, estábamos desayunando y Yajaira me dijo estas palabras: "El Señor Nuestro Dios sigue sentado en su trono, la pandemia nos sorprendió a nosotros pero a Dios no le sorprendió, Él rige su creación y nada sucede si Dios no lo permite".

Y desde esa mañana tomamos una actitud de mayor fortaleza y hoy podemos decir que la fidelidad de Dios es para siempre y que en momentos malos Dios sigue siendo bueno. ALELUYA!!!

LO INESPERADO LLEGA A LA VIDA DE JOB

Los versículos trece al diecinueve del capítulo uno nos narra los hechos que acontecieron en la vida de Job en solo un día, le invito a que lo lea con detenimiento y vamos a observar un panorama sombrío. Job lo pierde todo en un solo día sin ningún aviso previo.

Esto me lleva a decirle apreciado lector, que algo que he podido apreciar dentro de la vida cristiana es que cuando todo nos sale bien (buena salud, excelente matrimonio, ingresos económicos estables, casa propia e hijos que parecen que los mandaron a hacer) cualquiera adora y bendice al Señor Nuestro Dios, sin embargo creo que nuestra verdadera adoración se muestra en momentos de adversidad, no es nada fácil pero si posible, es donde lo que creemos determina nuestras acciones.

El ejemplo de este hombre de la Biblia nos da una gran lección, miremos los versículos 20 al 22 del capítulo 1:

> "Entonces Job se levantó, y rasgó su manto, y rasuró su cabeza, y se postró en tierra y adoró, y dijo: Desnudo salí del vientre de mi madre, y desnudo volveré allá. Jehová dio, y Jehová quitó; sea el nombre de Jehová bendito. En todo esto no pecó Job, ni atribuyó a Dios despropósito alguno."
>
> Job 1:20-22 RVR1960

ESO ES CONVICCIÓN. Jehová es el que da y Jehová es el que quita...que teología tan realista que muchas veces pasamos por alto. Él es Dios.

Entonces "sea el nombre de Jehová bendito".

Y de nuevo quiero que lea estas palabras mencionadas por el escritor del libro, ya no son palabras de Job:

> "En todo esto no pecó Job, ni atribuyó a Dios despropósito alguno."
>
> Job 1:22 RVR1960

Simplemente no hay excusas. Job se mantuvo en santidad y en sujeción a los designios de Dios. Para mí es una gran lección. Creo que en muchos de nuestros púlpitos de nuestras iglesias Cristianas deberíamos revisar estas lecciones para llevar a los creyentes a tener convicciones que le ayuden a actuar correctamente en momentos inesperados. Los púlpitos no son lugares para entretener a los oyentes, no son sitios de distracción sino lugares de propósitos, para llevar a los creyentes a ser confrontados con las verdades bíblicas que le sirvan de escudo en contra de los dardos de la confusión.

Le pregunto para terminar este capítulo cinco: ¿Puede sacar algunas conclusiones de este capítulo para su vida? ¿Y para la vida de su familia? Piénselo.

Capítulo Seis

Momento decisivo: Sadrac, Mesac y Abed Nego

En uno de mis análisis de la vida y de la educación cristiana en los últimos 10 años, donde hemos sido altamente motivados a relacionarnos constantemente a las redes sociales, es que hemos adoptado un estilo de vivir nuestra vida con una vision terrenal, es decir que nuestros mayores esfuerzos están dirigidos a poder conseguir una mejor capacidad económica para poder comprar lo que este sistema nos ofrece y además poder gozar de comodidad. De hecho en muchos de los mensajes de predicaciones bíblicas que escucho a través de medios masivos de comunicación, he sido testigo de sermones donde el enfoque es que esos dos valores (obtener más dinero y tener comodidad) se abracen como parte del diseño de Dios para nuestras vidas. Es lógico que al exponernos a ese solo tipo de mensaje bíblico perdamos interés en otros asuntos espirituales de mayor importancia que están precisamente relacionados con lo opuesto, y eso produce como resultado el desconocimiento de verdades de las Sagradas Escrituras donde nos dice que nuestra mirada debe colocarse en las cosas celestiales, y no en las de esta tierra (Col. 3: 1-4). Últimamente no estamos siendo expuestos a verdades bíblicas que nos dicen que nuestras vidas cristianas deben ser instrumentos útiles en las manos de Dios para servir de ayuda al que lo necesita y motivarnos a no contaminarnos en este mundo de pecado (Santiago 1:26-27). Al entender esas enseñanzas bíblicas lógicamente nos obligan a salir de nuestra zona de comodidad y nos motiva al esfuerzo. Ese contraste de enfoque ha traído como resultado ver a creyentes con estilos de vida opuestos a las verdades de la Palabra de Dios que sin lugar a dudas les dejan malos resultados; y eso no debería de extrañarnos, pues es obvio ya que no tienen convicciones firmes en un mundo contra cristiano.

Jesucristo dijo que nuestro papel como Iglesia es que somos la Luz del Mundo y Sal de la tierra. Dos monosílabos de gran relevancia en una sociedad como la nuestra: SAL, elemento de preservación para que no haya descomposición o putrefacción y LUZ, lo que permite nos permite ver con claridad, para salir de la obscuridad que solo nos deja confusiones.

PRIORIDADES DEL COMIENZO DE LA IGLESIA EN EL LIBRO DE LOS HECHOS

Al dar lectura al libro de los Hechos en el Nuevo Testamento podemos observar el modelo a seguir para la Iglesia. Creo que la Iglesia contemporánea debe verse en el espejo del inicio de la Iglesia Primitiva para poder obtener los resultados que los creyentes iniciales obtuvieron. Al hacer eso notamos que las enseñanzas en el inicio de la iglesia no estaba centrada en los valores que hoy nosotros enfatizamos del tener para comprar y comprar para tener; tampoco estaba enfocada en la comodidad de los que somos cristianos, ya somos salvos y que nadie nos moleste. Así que esa enseñanza está contaminada por conceptos humanistas y poco espirituales. Los cristianos del libro de los hechos pudieron mostrar sus convicciones al ser perseguidos por que su centro estaba en dar a conocer el evangelio del Cristo resucitado; enfocados en la oración y sanidad de los enfermos.

Si usted ha sido desviado por esas enseñanzas de valores solo terrenales entonces HOY le animo a que rectifique y pueda hacer cambios definitivos que le ayudarán a usted y a los que le rodean. Que el favor de Dios y el discernimiento esté sobre su vida en estos tiempos de tantos cambios.

Ore a Dios con sinceridad y pídale que le ayude a derrumbar todo lo que le impide avanzar en su crecimiento espiritual. ¿Hay algo que se lo impida?

Bueno, creo que es suficiente, ya, hasta aquí el preliminar. Vamos a la historia bíblica donde miramos a los protagonistas de este capítulo, ellos son SADRAC, MESAC Y ABED NEGO. Es importante que lea esto con atención para que pueda involucrarse en la historia a través de su imaginación, tómese el tiempo para leer todo esta porción bíblica, capítulo tres del Profeta Daniel versículos del uno al seis:

> "El rey Nabucodonosor hizo una estatua de oro cuya altura era de sesenta codos, y su anchura de seis codos; la levantó en el campo de Dura, en la provincia de Babilonia. Y envió el rey Nabucodonosor a que se reuniesen los sátrapas,

los magistrados y capitanes, oidores, tesoreros,
consejeros, jueces, y todos los gobernadores de
las provincias, para que viniesen a la dedicación
de la estatua que el rey Nabucodonosor había
levantado. Fueron, pues, reunidos los sátrapas,
magistrados, capitanes, oidores, tesoreros,
consejeros, jueces, y todos los gobernadores de
las provincias, a la dedicación de la estatua que el
rey Nabucodonosor había levantado; y estaban
en pie delante de la estatua que había levantado
el rey Nabucodonosor. Y el pregonero anunciaba
en alta voz: Mándase a vosotros, oh pueblos,
naciones y lenguas, que al oír el son de la bocina,
de la flauta, del tamboril, del arpa, del salterio,
de la zampoña y de todo instrumento de música,
os postréis y adoréis la estatua de oro que el
rey Nabucodonosor ha levantado; y cualquiera
que no se postre y adore, inmediatamente será
echado dentro de un horno de fuego ardiendo."
                    Daniel 3:1-6 RVR1960

CREENCIAS FIRMES FRENTE
AL HORNO DE FUEGO.

Una de las historias conocidas del Antiguo Testamento
es esta que estamos considerando. Al leer el inicio vemos
a un rey de nombre un poco extraño, tal vez sus padres
quisieron que fuera único y hasta en la elección del nombre
así lo hicieron "NABUCODONOSOR" (único, de seguro sin
tocayo), solo pensar en llamarlo siendo un niño seria algo
como: Naabuucoodoonooosooooorrrr... donde estas?
(Jajaja solo imaginarlo produce risa). Ya basta de bromas;
vamos a ponernos serios y veamos con seriedad lo que

este rey de nombre extraño ha decidido; hizo una estatua de oro cuyas medidas aproximadamente eran 103 pies de altura, unos 31 metros y medio y casi 9 pies de ancho, unos 2 metros setenta centímetros, eso nos hace saber que la estatua era visible desde lejos y además hecha en oro. Después hizo una dedicación con el personal de su reino y al terminar la dedicación hizo un mandato para todos los pueblos, naciones y lenguas que al oír los instrumentos musicales tenían obligatoriamente que postrarse y adorar la estatua de oro. Y si hay alguien que se rehusa a hacerlo tendrá consecuencias por su desacato a la orden de ley: "... y cualquiera que no se postre y adore, inmediatamente será echado dentro de un horno de fuego ardiendo." (Dan.1:6).

El horno calentandolo más de lo acostumbrado

Estos son los momentos que se aproximan para los que somos creyentes en Cristo, mientras como Iglesia de Jesucristo nos hemos adormecido escuchando los mensajes de motivación y mensajes para ser exitosos, del otro lado se ha estado preparando el horno de la adversidad y persecución para la Iglesia. Mi propósito al escribir este libro es llevarle a despertar para lograr resistir y sobrevivir en medio de los ataques inclementes a nuestra predicación del Evangelio. Para este momento en que estoy escribiendo nos encontramos finalizando el primer trimestre de este año 2021 y creo que la prueba de nuestras convicciones cristianas basadas en las Sagradas Escrituras han entrado en acción y aunque usted no lo crea el horno lo están calentando siete veces más de lo acostumbrado. Estamos cercanos a tener que comprobar los limites máximos de nuestras creencias. ¿Estaba pensando que con lo que tenemos hoy ya era suficiente?

¿Le sorprende leer que al horno le siguen subiendo la temperatura? Pues entonces le animo a un caminar más profundo y consecuente con Dios para fortalecer sus CONVICCIONES.

Momento decisivo para 3 jóvenes judíos.

Por orden de ley real todos los pueblos, naciones y lenguas se postraron y adoraron la estatua de oro que el Rey Nabucodonosor había levantado. (Dan.3:7). Ahora bien, es de entender que ante un escenario como este donde todos se postran en tierra para adorar la imagen los que se quedan de pie sobresalen, no hay duda. De manera que estos 3 cautivos traídos de Israel a Babilonia con adoración monoteísta (adoración solo a su Dios, Jehová) no se postraron, se mantuvieron de pie aunque sabían la orden del rey.

La información le fue llevada al rey quien al saberlo con gran enojo ordenó a que se los trajesen. Leamos tal como Dios lo dejó en la Biblia, y le pido que no pierda detalle de las palabras que aparecen sobre este escenario tan especifico sobre lo que es vivir con convicciones:

> "Habló Nabucodonosor y les dijo: ¿Es verdad, Sadrac, Mesac y Abed-nego, que vosotros no honráis a mi dios, ni adoráis la estatua de oro que he levantado? Ahora, pues, ¿estáis dispuestos para que al oír el son de la bocina, de la flauta, del tamboril, del arpa, del salterio, de la zampoña y de todo instrumento de música, os postréis y adoréis la estatua que he hecho? Porque si no la adorareis, en la misma hora seréis echados en medio de un horno de fuego ardiendo; ¿y qué dios será aquel que os libre de mis manos?"
>
> Daniel 3:14-15 RVR1960

¿Lo leyó con atención? Que opinión le merece a usted este desafío: "y qué dios... WOW! Que momento! ... ¿Cual dios será aquel que los pueda librar de mis manos? Que arrogancia de este rey! Me hace recordar el desafío de Goliat al ejercito de Israel y la respuesta de David:

> "Y el filisteo venía andando y acercándose a David, y su escudero delante de él. Y cuando el filisteo miró y vio a David, le tuvo en poco; porque era muchacho, y rubio, y de hermoso parecer. Y dijo el filisteo a David: ¿Soy yo perro, para que vengas a mí con palos? Y maldijo a David por sus dioses. Dijo luego el filisteo a David: Ven a mí, y daré tu carne a las aves del cielo y a las bestias del campo. Entonces dijo David al filisteo: Tú vienes a mí con espada y lanza y jabalina; mas yo vengo a ti en el nombre de Jehová de los ejércitos, el Dios de los escuadrones de Israel, a quien tú has provocado. Jehová te entregará hoy en mi mano, y yo te venceré, y te cortaré la cabeza, y daré hoy los cuerpos de los filisteos a las aves del cielo y a las bestias de la tierra; y toda la tierra sabrá que hay Dios en Israel. Y sabrá toda esta congregación que Jehová no salva con espada y con lanza; porque de Jehová es la batalla, y él os entregará en nuestras manos."
>
> 1 Samuel 17:41-47 RVR1960

Son momentos decisivos!

Ahora prestemos atención a la respuesta de los jóvenes hebreos al rey Nabucodonosor:

> "Sadrac, Mesac y Abed-nego respondieron al rey Nabucodonosor, diciendo: No es necesario que te respondamos sobre este asunto. He aquí

nuestro Dios a quien servimos puede librarnos
del horno de fuego ardiendo; y de tu mano, oh
rey, nos librará. Y si no, sepas, oh rey, que no
serviremos a tus dioses, ni tampoco adoraremos
la estatua que has levantado."

Daniel 3:16-18 RVR1960

En la ultima parte de la respuesta encuentro lo que es
verdadera convicción, esas creencias firmes en medio de
tener a todos en contra, ellos le dicen al rey que él sabe que
no es necesario que ellos le den la respuesta, pues ya él sabe
sus convicciones. Ellos le dice: "el Dios a quien le servimos
puede librarnos del horno de fuego y de tu mano", y aquí
viene lo mejor: ..."y si no..." QUE PODEROSO! EN OTRAS
PALABRAS: REY NABUCONOSOR TU SABES QUE EL
DIOS A QUIEN SERVIMOS NOS PUEDE LIBRAR, Y SI NO
NOS LIBRA QUIERO QUE SEPAS REY, QUE SEA QUE NOS
LIBRE O QUE NO NOS LIBRE... NO VAMOS A ADORAR LA
ESTATUA. ¡¡¡ALELUYA!!!

Eso son convicciones firmes. Esas creencias que van a
determinar nuestras decisiones en la hora de la adversidad.

Esas convicciones son las que van a permitirnos ver el
poder de Dios a nuestro favor, solo la gente de convicciones
podrá ser testigo de ver a Dios mismo entrar en el horno de
fuego ardiendo, pues mientras más suben la temperatura
más se hace necesario que sea Dios mismo acompañándonos
para que el calor intenso no tenga poder sobre nuestras
vidas.

Les dejo con este versículo para que adore al Señor
Nuestro Dios Todopoderoso:

"Y se juntaron los sátrapas, los gobernadores,
los capitanes y los consejeros del rey, para mirar

a estos varones, cómo el fuego no había tenido poder alguno sobre sus cuerpos, ni aun el cabello de sus cabezas se había quemado; sus ropas estaban intactas, y ni siquiera olor de fuego tenían. Entonces Nabucodonosor dijo: Bendito sea el Dios de ellos, de Sadrac, Mesac y Abed-nego, que envió su ángel y libró a sus siervos que confiaron en él, y que no cumplieron el edicto del rey, y entregaron sus cuerpos antes que servir y adorar a otro dios que su Dios."

Daniel 3:27-28 RVR1960

Si el lugar se lo permite le animo a que usted adore el nombre de nuestro Dios, Señor de nuestras vidas, a nuestro Salvador Jesucristo y nos unamos ahora al coro celestial y digamos junto a ellos: "...Al que está sentado en el trono, y al Cordero, sea la alabanza, la honra, la gloria y el poder, por los siglos de los siglos." (Apoc. 5:13)

Si estas verdades le animan y le fortalecen su vida espiritual déjenos saber a través de este email: pastoresmassi@aol.com.

Capítulo Siete

Pedro y Juan ante el concilio

Kelvin Cochran, un ferviente cristiano comprometido y que se desempeñó como bombero con una excelente y destacada labor que lo llevó a ascender hasta poder convertirse en el jefe de bomberos de la ciudad de Atlanta del Estado de Georgia en los Estados Unidos.

En el año 2009 el entonces presidente de los Estados Unidos Barack Obama lo nombró jefe de la administración de incendio de la nación americana.

En la Iglesia en la que se congregaba Cochran dirigía estudios bíblicos que servían de ayuda al rol de los hombres dentro de la sociedad. Luego escribió un libro que se convirtió en un libro polémico debido a que dentro del contenido de su libro expresó las convicciones bíblicas acerca de las relaciones sexuales; allí mencionó que el sexo es dado por Dios para ser disfrutado entre un hombre y una mujer dentro del vínculo sagrado del matrimonio. Un año después de la publicación de ese libro fue despedido de su labor dentro del cuerpo de bomberos a pesar de su impecable labor, y todo debido a que un concejal llamado Alex Wan contrario a las creencias de Kelvin Cochran puso una denuncia ante el alcalde Kasim Reed ya que consideraba que lo publicado en el libro era discriminatorio; y este decidió despedirlo sin importar su excelente labor profesional. Este caso sucedido a este destacado líder cristiano y reconocido jefe de bomberos debido a sus convicciones cristianas es solo uno entre muchos de los que podríamos mencionar.

UN EJEMPLO BIBLICO: Los apóstoles Pedro y Juan.

Desde el capítulo tres del libro de los Hechos leemos que Pedro y Juan a través del poder de Dios trajeron la curación de un hombre cojo de nacimiento, y después de este milagro Pedro entrega un discurso hablando sobre la deidad de Jesús y llamando al pueblo al arrepentimiento.

Al llegar al capítulo cuatro observamos que a los lideres religiosos de la época junto a el jefe de la guardia del templo les producía enojo que los discípulos anunciasen que Jesús había resucitado de entre los muertos. Ese desagrado les llevó a hacer uso de la autoridad que tenían y los pusieron en la cárcel, de manera que la biblia nos dice que Pedro y Juan fueron puestos presos por la predicación del evangelio de Jesucristo.

Ataques a la libertad religiosa

Los cambios que se han producido en los últimos años con relación a la libertad de religión deben ser punto de atención para cada creyente en Jesucristo. Anteriormente cuando se hablaba acerca de ataques a la libertad de religión, era algo de poco impacto para la iglesia, lo que se podía llamar ataque anteriormente, era solo la indiferencia mostrada por las personas al hablarles de la vida de fe. Después de años de ver la indiferencia de las personas con relación a la vida cristianas y a las enseñanzas bíblicas, pasó a un cambio un poco más directo, y es que de la total indiferencia comienza un interés por hacer conocer nuestras creencias bíblicas a través de medios de comunicación o escuelas pero con el objetivo de hacer burla, de poner en poco la vida cristiana, presentando a la iglesia como un lugar donde los que asisten son gente ignorante, poco pensantes y además personas desvinculadas a la vida social, de hecho la industria del entretenimiento en especial la del cine comenzaron a incluir dentro del libreto a personajes cristianos y la intención es la misma, desprestigiar y hacer burla de los que somos cristianos y creemos en la Biblia como la Palabra de Dios. Tal vez lo haya observado en alguna película donde aparece un cristiano, el primer enfoque que buscan es presentarlo como un tonto, ignorante y que no tiene nada que ofrecer a la sociedad; de no presentarlo así entonces el segundo enfoque es presentarlo como un líder de influencia, con facilidad de expresión, que predica con pasión sus creencias pero que en su vida privado no vive lo que predica, presentándolo como un hipócrita, falso y de doble moral.

Y tal vez le surge una pregunta en su mente y tal vez sea: ¿Y para que hacen eso? Bueno, le respondo mi percepción de eso, la intención de eso es que el espectador vea la vida cristiana innecesaria, que se vea que los cristianos son gente que no deberían de existir. De manera que una persona que ha sido influenciada por un profesor en su aula de clases, o por un líder politico al dar sus opiniones acerca de las creencias bíblicas, o por un importante medio de comunicación desprestigiando las predicaciones bíblicas, es de esperar que esa persona después de todo ese bombardeo al ser invitada a una iglesia o escuchar a alguien hablarle de Dios ya está totalmente bloqueada para no escuchar lo que necesita para su vida espiritual. Es una estrategia de nuestro enemigo espiritual, el dios de este siglo, llamado Satanas.

Quizás a muchos que han estado entretenidos por este sistema le asombre, pero yo creo que el ataque más significativo que en este momento podemos tener como iglesia no es la indiferencia, la burla o el desprestigio; el ataque es el mismo que pudimos apreciar con los discípulos en el inicio de la Iglesia que quedó registrado en el libro de los Hechos, y es que los que tienen la autoridad legal entonces declaran que nuestra predicación es ofensiva y por favor piense en esto, si los que han sido electos para discutir las leyes de nuestras naciones, estados y ciudades, en sus legislaciones consideran que son ilegales muchas de las doctrinas fundamentales de la predicación del Evangelio de Jesucristo, entonces al ser aprobadas como ilegal nuestra predicación entonces será considerada fuera del marco de la ley, y al considerarlo ilegal, las predicaciones bíblicas pueden ser consideradas violaciones a lo que se ha establecido legalmente y entonces es de esperar que haya sanciones como las prohibiciones, multas y la privación de la libertad como el caso de los discípulos Pedro y Juan que fueron puestos en la cárcel por anunciar el evangelio de Jesús. Curiosamente el relato bíblico nos muestra lo que hablaban en privado aquellos enemigos de la predicación del evangelio; le invito a lo leamos, se encuentra en el libro de los Hechos en el Nuevo Testamento, en el capítulo cuatro versículos trece al veinte:

"Entonces viendo el denuedo de Pedro y de Juan, y sabiendo que eran hombres sin letras y del vulgo, se maravillaban; y les reconocían que habían estado con Jesús. Y viendo al hombre que había sido sanado, que estaba en pie con ellos, no podían decir nada en contra. Entonces les ordenaron que saliesen del concilio; y conferenciaban entre sí, diciendo: ¿Qué haremos con estos hombres? Porque de cierto, señal manifiesta ha sido hecha por ellos, notoria a todos los que moran en Jerusalén, y no lo podemos negar. Sin embargo, para que no se divulgue más entre el pueblo, amenacémosles para que no hablen de aquí en adelante a hombre alguno en este nombre. Y llamándolos, les intimaron que en ninguna manera hablasen ni enseñasen en el nombre de Jesús. Mas Pedro y Juan respondieron diciéndoles: Juzgad si es justo delante de Dios obedecer a vosotros antes que a Dios; porque no podemos dejar de decir lo que hemos visto y oído."

Hechos 4:13-20 RVR1960

Que excelente actitud!

Quiero tomarme un momento para llevarle a que usted piense en este escenario como si fuese usted quien se encuentra bajo esta amenaza; ¿Que piensa que haría usted? La respuesta a esa pregunta es una revelación de nuestras convicciones cristianas.

Es significativo que los discípulos no cuestionaron ni fueron irrespetuosos con las autoridades que le estaban amenazando, su actitud es digna de poner en alto, ambos en total acuerdo de sus creencias mantuvieron el respeto hacia ellos que eran las autoridades mas sin embargo los confrontaron con estas palabras que quiero que las leamos de la Nueva Versión Internacional:

> "Pero Pedro y Juan replicaron: —¿Es justo delante de Dios obedecerlos a ustedes en vez de obedecerlo a él? ¡Júzguenlo ustedes mismos! Nosotros no podemos dejar de hablar de lo que hemos visto y oído."
>
> Hechos 4:19-20 NVI

No le anima a usted a orar para ser fortalecidos en nuestras CONVICCIONES? ESE ES NUESTRO DESAFÍO!

Y para terminar este capítulo les voy a llevar a que observe los que hicieron los discípulos después que las autoridades les soltaron:

> "Y puestos en libertad, vinieron a los suyos y contaron todo lo que los principales sacerdotes y los ancianos les habían dicho. Y ellos, habiéndolo oído, alzaron unánimes la voz a Dios, y dijeron: Soberano Señor, tú eres el Dios que hiciste el cielo y la tierra, el mar y todo lo que en ellos hay; que por boca de David tu siervo dijiste: ¿Por qué se amotinan las gentes, Y los pueblos piensan cosas vanas? Se reunieron los reyes de la tierra, Y los príncipes se juntaron en uno Contra el Señor, y contra su Cristo."
>
> Hechos 4:23-26 RVR1960

Oremos, oremos y oremos para mantenernos fortalecidos en medio de una sociedad de tantos cambios, y si tal vez se pregunta, y de que nos sirve todo esto? ¿Tiene algún valor mantenerse firme en nuestras convicciones?

Me gustaría que pudiéramos preguntárselo a Kelvin Cochran, el ex-jefe de bomberos de la ciudad de Atlanta.

Capítulo Ocho

San Pablo: Lo que todos los ministros debemos aprender

¿Se ha detenido a pensar acerca de los muchos ofrecimientos que hacen los medios publicitarios para que nos sintamos felices y satisfechos?

Creo que es digno que nos detengamos a evaluar las cantidades de dinero que invierten las empresas de publicidad para llegar a nuestras casas y a nuestras vidas, su esfuerzo es sin medidas. Los creativos son hoy más agresivos en su ataque a que nos sintamos infelices si no tenemos esto o aquello, logrando que hagamos puntos de comparación entre lo que tenemos y que lo pudiéramos conseguir con una compra.

Es una sociedad que va sin rumbo cierto, lo que ha producido muchas insatisfacciones, y eso lo podemos ver en las calles, en las tiendas y en los campos de trabajo, los rostros reflejan falta de contentamiento, vacío y en muchas personas resentimientos por no poder alcanzar lo que la publicidad nos vende como el modelo de ser exitosos.

De allí que después de un largo día de fuerte y agotador trabajo usted llega a su casa y después de comer se sienta a ver un rato de televisión como medio de distracción... y zuaz!... allí está! El anzuelo con la carnada. Aparece ante sus ojos ese carro... ese carro que usted quisiera tener, y entonces allí está la imagen del carro acompañada de la voz engolada del locutor diciendole: "Para ti que trabajas tanto TE MERECES LO MEJOR.. Este carro es diseñado para gente como tu ... asientos de cuero, dirección hidráulica, navegador con conexión inalámbrica a internet, con sunroof y moonroof, aire acondicionado frontal y trasero, cámaras de retroceso y laterales y... y... más y más confort". Esa publicidad hace un efecto en usted pues le lleva a pensar que si lo necesita, pues realmente para eso trabaja tanto y a partir de allí comienza a pensar que ya no quiere el carro que tiene.

Una mente que no sido entrenada para hacer diferencia entre los deseos y las necesidades es llevada a través de estas publicidades a tomar decisiones sin evaluar los pro y los contra y luego de hacerlo descubre que le deja con grandes insatisfacciones.

Bendiciones, bendiciones y más bendiciones!

En todos los años que tengo de vida, más dos tercios de ellos han sido vividos dentro de la Iglesia y su entorno, así que he podido escuchar muchos sermones de diferentes asuntos y distintos predicadores. Y algo que se ha vuelto muy común en muchos púlpitos es que el enfoque está dirigido a lo inmediato dándole muy poco importancia a los resultados finales. Lo temporal, lo pasajero va opacando la búsqueda de la comunión con Dios y se busca las bendiciones, sí, la bendición de Dios por encima de la comunión con Dios. ¿Y cómo demostramos esas bendiciones? Con las posesiones materiales. Así que el contentamiento depende de lo que tenemos.

La experiencia del Apostol San Pablo.

El que nosotros podamos recibir lecciones de parte del Apostol San Pablo de sus actitudes y comportamientos personales con relación a sus posesiones, para mí como cristiano y ministro evangélico es de gran ayuda para modelar nuestro estilo de vida y también para fortalecer nuestras convicciones.

Filipenses es una de las cartas escritas por el Apóstol San Pablo (es una de las 4 cartas escritas estando encarcelado) y en las palabras finales del Apostol en esta carta nos entrega una excelente filosofía de la vida de fe y en especial de sus convicciones sobre el cuidado de si mismo. Voy a tomar los versículos diez al trece del capitulo cuatro:

> "En gran manera me gocé en el Señor de que ya al fin habéis revivido vuestro cuidado de mí; de lo cual también estabais solícitos, pero os faltaba la oportunidad. No lo digo porque tenga escasez, pues he aprendido a contentarme, cualquiera que sea mi situación. Sé vivir humildemente, y sé tener abundancia; en todo y por todo estoy enseñado, así para estar saciado como para tener hambre, así para tener abundancia como para padecer necesidad. Todo lo puedo en Cristo que me fortalece."
>
> Filipenses 4:10-13 RVR1960

Un aprendizaje excepcional

He resaltado en mi Biblia y también en muchas predicaciones las palabras "pues he aprendido..." Esto demuestra que hay disciplinas espirituales que deben ser aprendidas. Y estoy convencido que como ministros cristianos nuestra labor es poder influenciar las vidas de nuestros oyentes con las verdades de la palabra de Dios. Es satisfactorio poder escuchar a personas decirle a uno como Pastor y ministro: "su ministerio ha sido de gran ayuda a mi vida y a mi familia, nosotros hemos aprendido mucho de sus enseñanzas"; recuerdo que estando invitados en un evento como conferencistas a los matrimonios en el estado de Georgia, un pastor que asistió al evento se acercó a mi esposa y a mí que estábamos en nuestra mesa con nuestros libros y videos y nos dijo: "hoy mi esposa y yo estamos en el ministerio pastoral y reconocemos que gran parte de lo que hemos logrado como matrimonio y como pastores es debido a sus enseñanzas que las recibimos cuando solo éramos novios"; no se puede negar que lo que se aprende y se practica produce grandes cambios en los resultados.

¿Que es lo que aprendió el Apostol Pablo? - A contentarse. Si eso fue lo que él dijo, eso es lo que como escritor nos está diciendo, que uno aprende a contentarse; y he aquí lo más desafiante "cualquiera sea mi situación" (Filp.4:11) En cualquiera sea la situación.

Hey, hey, ¡Un momento! ¡Eso no es lo que se nos enseña!

Pero así es; eso también es parte de la educación cristiana, aprender el contentamiento, y saber vivir en la abundancia y saber vivir en la escasez, él nos dice que "en todo y para todo estoy enseñado" esa adaptabilidad proviene de su relación con Cristo.

"Todo lo puedo en Cristo que me fortalece."

Filipenses 4:13 RVR1960

ESO ES CONVICCION! San Pablo nos dice que su contentamiento proviene de Cristo su Señor y su Dios. No depende de las circunstancias que le rodean pues ha aprendido; esa es una medida para la vida en Cristo.

Y si quiere asegurar esta clase de convicciones en otras palabras escritas también por el Apóstol San Pablo, termino con lo que él escribe en el capítulo uno y versículo veintiuno de la misma carta a los filipenses:

"Porque para mí el vivir es Cristo, y el morir es ganancia."

Filipenses 1:21 RVR1960

¡CONVICCIONES! El morir es ganancia! ¿Cuales son las suyas?

Capítulo Nueve

9 Las convicciones de nuestro Señor Jesucristo

Una de las capacidades que quedó demostrada en el ministerio terrenal de Nuestro Señor y Salvador Jesucristo fue su capacidad de expresar sus enseñanzas totalmente claras y poder llegar sin impedimentos al corazón de sus oyentes. Cualquiera de sus oyentes podía entender sus discursos, fueran líderes religiosos, adultos sin preparación y aún a los niños les era fácil comprender su mensaje y sus argumentos. Cuando Nuestro Señor Jesucristo hablaba les captaba inmediatamente la atención a las personas y al terminar no les quedaba ninguna duda del asunto expuesto. Es bueno recordar que en esa sociedad a la que Jesucristo les exponía sus enseñanzas estaba saturada de un sistema religioso de palabras que no estaban respaldadas con los hechos. Los sacerdotes, los fariseos y los escribas eran muy dados a la manipulación, con vidas llenas de hipocresía religiosa y con mensajes que eran pocos prácticos y era allí donde la especialidad de la buena comunicación del Señor Jesucristo, que no quería ni tenía espacio para sermones que aburrieran a sus oyentes los dejaba con pensamientos e ideas liberadoras y que dejaban claramente esperanza al que estaba en pecado.

El mensaje del Señor Jesucristo.

Al leer los Evangelios y nos enfocamos en las palabras de Jesús que quedaron registradas en esos cuatro primeros libros del Nuevo Testamento, (Tenemos biblias que tienen en letra roja todo lo que el Señor Jesús habló) quedamos claro que él nunca promovió un mensaje para una vida sin sustancia, un mensaje somero, sino al contrario su mensaje despertaba la reflexión, calaba hondo y obligaba a la acción.

Continuando en la revisión del mensaje de nuestro Señor Jesús observemos su posición con relación a un tema neurálgico como es el tema del divorcio. Los fariseos acostumbrados a la manipulación o al arte de acorralar a los oponentes de sus costumbres, fueron un día donde Jesús para tentarle (cosa que no era de extrañar) y con su habilidad para construir las frases y ordenar de sus palabras le hicieron una pregunta:

> "Entonces vinieron a él los fariseos, tentándole y diciéndole: ¿Es lícito al hombre repudiar a su mujer por cualquier causa?"
> S. Mateo 19:3 RVR1960

Tengo que dejarles saber que el tema del divorcio era un tema que generaba muchísima controversia entre los líderes religiosos durante el ministerio terrenal del Señor Jesús. De hecho muy similar a nuestra época había posiciones muy conservadoras y otras totalmente liberales. Las posiciones conservadoras establecían un sistema cerrado donde el divorcio no se justificaba por ninguna causa; mientras que otros con posición ultraliberal lo aprobaban por cualquier causa, y esa causa podía ser algo tan simple como que la comida hubiese quedado muy salada.

¡AUNQUE USTED NO LO CREA! Divorcio por cualquier causa era parte de las escuelas de rabinos de la época y al mismo tiempo otras escuelas establecían NO al divorcio.

Es esa la razón por lo que los fariseos fueron donde el Señor Jesús para tentarle y poder llevarlo a que dejara saber su posición en relación a este tema controversial, por eso usan esas últimas palabras en su pregunta: "...por cualquier causa?

Examinemos la respuesta del Señor Jesus en los versículos de Mateo 19:

> "Él, respondiendo, les dijo: ¿No habéis leído que el que los hizo al principio, varón y hembra los hizo, y dijo: Por esto el hombre dejará padre y madre, y se unirá a su mujer, y los dos serán una sola carne? Así que no son ya más dos, sino una sola carne; por tanto, lo que Dios juntó, no lo separe el hombre."
>
> S. Mateo 19:4-6 RVR1960

Contundentemente el Señor Jesús les responde llevándole a las Sagradas Escrituras, allí esta escrito, lean lo que se estableció desde el principio, de manera que el Señor Jesús les deja saber que el matrimonio debe ser tomado con seriedad, que no es un asunto de juego.

El contraataque de los fariseos no se hizo esperar, de inmediato le disparan otra pregunta:

"Le dijeron: ¿Por qué, pues, mandó Moisés dar
carta de divorcio, y repudiarla?"

S. Mateo 19:7 RVR1960

Y el Señor Jesús nos deja a nosotros una verdad que
debe fortalecer nuestras convicciones en relación a la vida
matrimonial. Leamos su respuesta:

"Él les dijo: Por la dureza de vuestro corazón
Moisés os permitió repudiar a vuestras mujeres;
mas al principio no fue así. Y yo os digo que
cualquiera que repudia a su mujer, salvo por
causa de fornicación, y se casa con otra, adultera;
y el que se casa con la repudiada, adultera."

S. Mateo 19:8-9 RVR1960

La razón por la que se busca la carta de divorcio es por
la dureza de sus corazones; esa es la respuesta de nuestro
Señor Jesucristo.

Es el egoísmo que se impone sobre su compromiso.

ESO ES CONVICCIÓN ACERCA DE LA VIDA MATRIMONIAL.

Aún cuando yo como ministro dedicado a la atención
bíblica para matrimonios he podido escuchar muchas
historias tristes de vida conyugal, tengo la responsabilidad
de ayudarles a pensar seriamente sobre este asunto pues
he sido testigo que muchos que han roto su compromiso
de matrimonio para toda la vida, luego han descubierto
que el divorcio les resuelve algunos problemas pero no los
resuelve todos; y tengo evidencia en matrimonios que hoy no
tendrían ningún impedimento en admitirlos públicamente,
que después de divorciados se les ha creado problemas

nuevos que le hacen más difícil la relación entre ellos como ex-cónyuges, nuevos problemas que originan más conflictos que cuando estaban casados (y eso sin mencionar los gravísimos problemas que se le causan a los hijos).

Y ya sabe a través de mi primer libro (Un Misterio llamado Matrimonio) y de nuestras predicaciones y conferencias que mi esposa y yo somos pro matrimonio, estamos a favor de la permanencia matrimonial y por eso nos esforzamos para ayudar a que se cumpla el diseño de Dios "que no lo separe el hombre".

¿Se da cuenta de lo que estoy diciendo? El sistema mundano y sin Dios nos ha llevado a debilitar nuestras creencias de la vida matrimonial y ha tenido éxito pues ha creado una combinación de ideas humanísticas con vida cristiana cultural.

La seriedad de las palabras del Señor Jesucristo

A lo largo de su ministerio terrenal nuestro Señor estuvo concentrado en que sus enseñanzas fuesen más que solo oír palabras, notamos su claro enfoque en la aplicación de esas enseñanzas. Tal vez recuerde ese contraste al que Nuestro Señor Jesús hace referencia de un hombre prudente y un hombre insensato que construyen casas, uno sobre la roca y otro sobre la arena, la diferencia entre ambos está en la falta de aplicación a lo que se oye, los dos oyen pero solo uno hace algo con lo que escucha y debido a eso el Señor nos dice que por no aplicar las instrucciones a la vida diaria entonces al venir las dificultades la ruina es inevitable. (Mateo 7: 24 al 29)

Saber no es suficiente si no hacemos algo con lo que sabemos. Es allí donde los ministros, pastores y predicadores debemos responder ante nuestros oyentes cuanto de lo que decimos en los púlpitos es esencial para ellos en medio de las demandas de la vida. Y de nuevo quiero hacer énfasis en que los púlpitos no son lugares para entretener a los oyentes sino para que puedan trasformar sus comportamientos.

Sigamos examinando otras enseñanzas del Señor Jesucristo con relación a otros asuntos, tal como reconocerlo a él como el Señor de nuestras vidas. Sus palabras son sin ningún ápice de duda, son fuertes y demandan a que se actúe decididamente, a que seamos radicales en nuestras convicciones y por ende en nuestro estilo de vida. Veamos algunas de esas esnseñanzas sobre este importante tema:

> "¿Por qué me llamáis, Señor, Señor, y no hacéis lo que yo digo?"
>
> S. Lucas 6:46 RVR1960

El punto del Señor Jesús está en que no es solo palabras, son las acciones que demuestren esas palabras. Eso debe llamarnos a revisar nuestro compromiso con él.

Preparándonos para exámenes acerca de la eternidad.

Prestemos atención a estas palabras que nos van ayudar en las elecciones espirituales:

> "Entrad por la puerta estrecha; porque ancha es la puerta, y espacioso el camino que lleva a la perdición, y muchos son los que entran por ella; porque estrecha es la puerta, y angosto el camino que lleva a la vida, y pocos son los que la hallan."
>
> S. Mateo 7:13-14 RVR1960

¡Dos puertas! ¡Esto es lo que hay! Sin duda nos obliga a tener que definir por cual puerta vamos a entrar, la puerta ancha lleva a la perdición (representando el mundo sin Dios y sus placeres temporales) y la puerta estrecha (la vida comprometida con Dios y su palabra) nos lleva a la vida eterna con Dios el Creador de todo lo que existe.

Si quedara alguna duda en esta elección, veamos esta declaración del Señor sobre si mismo:

> "Jesús le dijo: Yo soy el camino, y la verdad, y la vida; nadie viene al Padre, sino por mí."
> S. Juan 14:6 RVR1960

No soy una opción más, YO SOY el camino, la verdad y la vida; aquí está la base para nuestras convicciones de vida cristiana sobre la eternidad y la salvación "...nadie viene al Padre, sino por mí".

Eso son declaraciones del Señor sobre si mismo que nos retan a dejarles saber a otros que eso es lo que el Señor Jesús dijo y es lo que nosotros creemos. No hay más opciones.

Continuemos, con esto:

> "Yo soy el pan de vida. Vuestros padres comieron el maná en el desierto, y murieron. Este es el pan que desciende del cielo, para que el que de él come, no muera. Yo soy el pan vivo que descendió del cielo; si alguno comiere de este pan, vivirá para siempre; y el pan que yo daré es mi carne, la cual yo daré por la vida del mundo."
> S. Juan 6:48-51 RVR1960

No deja lugar para las equivocaciones ni tampoco para las dudas, no hay zonas grises, están en blanco y negro. De manera que solo nos queda entender que basado en estas declaraciones nuestras convicciones de vida nos obligan a mostrar nuestra fidelidad y lealtad a él y solo a él. ALELUYA!

Una determinante declaración para salir de toda dualidad.

Leamos estas palabras y veamos la implicación en ellas:

> "Por eso me ama el Padre, porque yo pongo mi vida, para volverla a tomar. Nadie me la quita, sino que yo de mí mismo la pongo. Tengo poder para ponerla, y tengo poder para volverla a tomar. Este mandamiento recibí de mi Padre."
>
> S. Juan 10:17-18 RVR1960

En mi país hay refrán popular que dice: "Del dicho al hecho hay mucho trecho". Y cuanta verdad hay en este refrán. Una cosa es decir que yo soy, que yo puedo, que yo tengo esto y aquello pero otra cosa es demostrarlo. Decir es fácil cumplirlo es lo difícil.

De nuevo Nuestro Señor Jesucristo pone en evidencia sus convicciones diciendo "... yo pongo mi vida... nadie me la quita.. tengo poder para ponerla, y tengo poder para volverla a tomar"

Nuestra máxima fecha de celebración de la cristiandad se basa en el cumplimiento de esta declaración que él hizo sobre si mismo.

La celebración de la Resurrección del Señor Jesucristo.

De manera que no fueron solo palabras, fueron dichos y también hechos, y ahora nosotros somos testigos del cumplimiento de sus declaraciones, demostrando ser Dios y transformando nuestras vidas.

Así que nuestras convicciones nos llevan a mantener que todo lo que Nuestro Señor Jesucristo dijo de si mismo es seguro, pues lo más difícil era poder cumplir que él ponía su vida y él tenia poder para volverla a tomar. Y el resucitó de entre los muertos, Él vive!

Así que todo lo que él dijo y prometió es garantía absoluta debido a su Resurrección, de manera que nuestra convicción es que él va a cumplir también estas palabras que quedaron registradas en el capítulo catorce del evangelio según San Juan en los versículos uno al tres:

> "No se turbe vuestro corazón; creéis en Dios, creed también en mí. En la casa de mi Padre muchas moradas hay; si así no fuera, yo os lo hubiera dicho; voy, pues, a preparar lugar para vosotros. Y si me fuere y os preparare lugar, vendré otra vez, y os tomaré a mí mismo, para que donde yo estoy, vosotros también estéis."
>
> S. Juan 14:1-3 RVR1960

Y tengo que decirle a usted apreciado lector que el Señor Jesucristo prometió ir a preparar lugar para nosotros, para los que creemos en él como Señor y Salvador de nuestras vidas. Por lo tanto, no tenemos dudas que muy pronto seremos arrebatados al cielo y estamos juntamente con él.

ESA ES NUESTRA ESPERANZA GLORIOSA! NOS IREMOS CON ÉL A LAS MORADAS CELESTIALES QUE SE HAN PREPARADOS PARA NOSOTROS LOS CREYENTES EN CRISTO.

Y QUIERO TERMINAR HACIÉNDOLE ESTA PREGUNTA: ¿Esta usted preparado para ese acontecimiento? ¿Será usted uno de ellos?

Que esa creencia sea parte de su vida, que pueda decirle a otros que usted tiene la convicción que el Señor Jesucristo viene por su Iglesia.

"El que da testimonio de estas cosas dice:
Ciertamente vengo en breve. Amén; sí, ven,
Señor Jesús. La gracia de nuestro Señor
Jesucristo sea con todos vosotros. Amén."

Apocalipsis 22:20-21 RVR1960

Conclusión

Ahora mientras concluyo este mi quinto libro al que he titulado "CONVICCIONES BÍBLICAS en un mundo confundido" (Un Misterio llamado Matrimonio, G.P.S., Vivir por Fe y Un Verdugo llamado Temor son los 4 títulos anteriores) ha comenzado hace solo unos días un conflicto entre Israelíes y Palestinos. He estado siguiendo los acontecimientos de los ataques bélicos de los que se están haciendo uso y me lleva a pensar que para estos nuevos tiempos que se aproximan se va a requerir que podamos hacer revisión de las creencias que tenemos para conducir nuestra vida. Y lo digo porque no tengo ninguna duda de que lo que creemos va a determinar nuestras conductas y modos de actuar, esas conductas traerán resultados. De manera que es totalmente imprescindible que afirme sus creencias pues de seguro le va a ser necesario.

Según estoy observando por los medios de noticias, Israel asegura que no va a parar y que seguirán atacando objetivos claves. Y mientras esto sigue la población palestina que precisamente vive en ese lugar busca refugios en escuelas del centro de Gaza. Dentro de Israel hay un crecimiento de un nuevo frente entre las comunidades judías y árabes que han obligado a las autoridades a decretar un toque de queda debido a los disturbios frecuentes.

El ejército de Israel y los militares palestinos aún no muestran ninguna contención, aún cuando ya se registran más de 130 muertes de civiles. Los escenarios solo muestran que se están encaminando a una cuarta guerra que nos trae a la memoria las últimas tres guerras de 2008, 2012 y 2014, y esta última se recuerda como la más sangrienta, con un número de 2.200 víctimas fatales palestinas y 73 israelíes.

Estas noticias nos recuerdan que lo que Dios nos ha dejado en su palabra escrita, la Biblia, ha tenido y tendrá su total cumplimiento.

Las profecías bíblicas que nos hablan sobre los tiempos previos a la venida de nuestro Señor Jesucristo cobran vida al escuchar lo que sucede actualmente en Israel.

Debido a esto y a otras situaciones que observo cuando estoy en las diferentes congregaciones cristianas a las que soy invitado a hablarles o predicar las verdades de la palabra de Dios, a veces me pregunto al ver a muchos de los asistentes con indiferencia dentro del tiempo del servicio de adoración y predicación, si estamos logrando que ellos sean gente de CONVICCIONES en un mundo con tanta incertidumbre.

Es mi deseo y mi oración al Señor que el contenido de este libro que ahora acabo de terminar le lleve a que usted no viva a la deriva...

Libros publicados por el
Ministerio Restaurando la Familia

Yajaira J. Massi

Prólogo J. Antonio Massi

Un hueco en el vacío

Todos tenemos conflictos, especialmente
conflictos emocionales

Ministerio Restaurando La Familia

Ministerio Restaurando La Familia

J. ANTONIO MASSI

PRÓLOGO DR. LUIS ÁNGEL DÍAZ-PABÓN

Un **Misterio** llamado

Matrimonio

Ayuda para descubrir principios bíblicos
para el éxito matrimonial

J. Antonio Massi

PASIONES ST.

SABIDURIA AVE.

G⬦PS

GUIA PROVERBIAL DE SABIDURIA

Instrucciones Precisas para su Destino Final

J. Antonio Massi

Vivir por Fe

Viviendo Sobre los Pronósticos de la Vida

MINISTERIO RESTAURANDO LA FAMILIA

J. Antonio Massi

Un verdugo llamado
TEMOR

Ministerio Restaurando la Familia

YAJAIRA MASSI

JUNTOS Y DE ACUERDO

Principios bíblicos para los retos matrimoniales

Ministerio Restaurando La Familia

Notas

Notas

Notas

Notas

Notas

Printed in the United States
by Baker & Taylor Publisher Services